遅く帰った日の晩ごはん

夜食以上、夕食未満。
野菜多めで罪悪感なし

ぐっち夫婦
(Tatsuya & SHINO)

今日、なに食べよう？

「今日、なに食べよう？」

それは平日に、仕事から家モードに切り替わるスイッチのような言葉です。会社帰りに地元のスーパーで合流し、食材をセレクト。帰宅したらキッチンに直行して、なにかしらの下ごしらえに取りかかる。夜のおうちごはんに至るまでのリズムは、結婚してから自然にできていきました。

そんなふたりの出会いは、料理関係の職場。共通する食の話題で盛り上がり、同じ方向を向いていることを感じて、距離が一気に縮まりました。

「初デートのとき、彼がお手製のお弁当持参で現れたんです！　塩麹を使ったそぼろがおいしくて、彩

りも考えられていたことを覚えていますし、写真も残しています」（ＳＨＩＮＯ）

「彼女が料理好きで、材料や彩り、調理の仕方などに詳しかったからお弁当はドン引きされず（笑）、今があるのかと。毎日料理を作り合う今でも『そう来たか！』と毎回、発見があります」（Ｔａｔｓｕｙａ）

結婚後は、平日は会社員としてフルタイムで働きながら、夫婦で料理家としても活動するように。

料理家・ぐっち夫婦のモットーは、「日々の暮らしを楽しくおいしく。ちょっと、おしゃれに」。食を通して、なにげない日常を心豊かに過ごせたらという思いを込めて、レシピを提案しています。

そして、おいしいごはんをより多くのみなさまへ届けたい一心で、この一冊を作りました。

忙しくても
ちゃんと食べたい

慌ただしい毎日でも、
ちゃんと食べたいという点は譲れない方のごはん作りに役立てていただけることを目指して。ぐっち夫婦らしい料理を、たくさんご紹介できたかな、と思っています。

わが家では、あまり作り置きはしません。それは、そのときどきで食べたい料理が変わって、「今日、なに食べよう？」となるからです。みなさんも、そんなことはありませんか？

「いつ、食べる？」
「誰と食べる？」
「今日は、どんな気分？」

自分たちの気持ちに素直に、その日そのときに食

ふたりのごはん

べたいものを作るようにしています。

遅く帰った日の晩ごはんは、食事の時間帯を考え、野菜多めで、主菜になるおかずが中心です。フルタイム共働きで、日々、必要に迫られて（笑）、工夫しているからこそ浮かんだ、簡単でアレンジが利くレシピなので、参考にしていただけたらうれしいです。

週末メニューは、少し時間をかけるものもありますが、難易度は高くないので、ぜひお試しください。

「きっと、あなたの胃袋をくすぐる、おいしそうな一品があるはず！」（Tatsuya）

「ゴリ押しはよくないよ～（笑）」（SHINO）

お帰り〜、そして

「料理を一緒に作るようになって、SHINOさんお決まりの〝仕上げのごまふり〟が新鮮でしたが、今ではふつうになりました」（Tatsuya）

「私はTatsuyaさんが無意識にやっていた〝食材の手ちぎり〟（68ページで紹介）を真似していたら、いつの間にか自分も手でちぎるのが当たり前になりました。それぞれが作った料理を味見し合うから、独りよがりにならないのはありがたいこと。一緒に過ごす月日を重ねていくほどに、『ふたりで一つ』を実感しています」（SHINO）

帰宅が遅い日もあるけれど、ごは

んはしっかり食べたい。

　だから、野菜を多く使うようになったり。お米や麺に頼らなくても、おかずだけで満足できるようなレシピが多くなったり。市販のお惣菜に、ちょっとしたひと工夫を加えるだけで、おいしい指数がアップすることがわかったり。平日はバタバタなぐっち夫婦だからこそ、お伝えできるレシピなのかもしれません。

　作ってみて、おいしかったら、気軽に教えてくださいね！　一品でも、気に入ってレパートリーに加えていただけたら、うれしいです。

ごちそうさま

Tatsuyaです！

趣味はキャンプや釣りなどアウトドア全般、音楽（フジロック毎年行きます）、そして料理とお酒。

子どもの頃から自他ともに認める食いしん坊で、高校生くらいから実家のキッチンで料理をしていました。当時は卵料理やパスタなど入門の料理を見よう見まねで作っていて。大学生のときにイタリアンレストランでアルバイトを始め、そこで料理の基礎を習い、料理にのめり込んでいきました。経験を積んでいくにつれてテクニックは上達するのですが、ある程度まで行ったときに「あれ？　おいしさの向上が止まったぞ？」みたいな感覚になって。

そんなとき偶然、テレビで料理家のキッチン特集を見て、知らない調味料がたくさん並んでいるのに衝撃を受けました。その足でスーパーに行き、当時の僕には背伸びをした値段の調味料を買って試してみたら、想像を超えるおいしさになってビックリしたのを今でも鮮明に覚えています。これが、僕が料理にどっぷりハマることになったキッカケです。

妻のＳＨＩＮＯです。平日は会社員として勤める傍ら、夫婦で料理家、個人でフードコーディネーターの仕事をしています。

あまり外食をしない家庭で育ち、夕食は家族そろって食卓を囲むのが日常でした。三人きょうだいの真ん中。一緒に暮らす祖父母は八百屋を営んでいたので、旬の野菜やまだ走りの野菜、店で漬けている糠漬けが食卓に上がったりと、小さい頃から食の世界が常にそばにある生活を送ってきました。おいしいごはんの周りには、たくさんの会話と笑顔があふれていた気がしています。

進学を考える年代になると、食が好きな私は栄養士という職業を知り、食をイチから学べる大学で学び、食品会社に就職。同時にフードコーディネイトや料理を学び、作って盛りつけること、おいしいを伝え、表現する楽しさに目覚め、今につながっています。

こうして、多くの方々にお伝えできる場をいただけて、とてもうれしく思っています。

SHINOです！

CONTENTS

2 今日、なに食べよう？
8 Tatsuyaです！
10 SHINOです！

PART 1 **平日のバタバタごはん**

18 **忙しくて余裕がない日はとりあえず、肉を焼こう**
22 さっと焼いてうまい！　チキンソテー
24 ガツンとスタミナ！　チキンソテーのにんにく醤油
26 チキンソテー　とろ～りトマトチーズソースがけ
28 ぱぱっと作りたい！　豚キムチ
30 やっぱりご飯が食べたい！　ガーリックライスのステーキ丼

32 **市販の惣菜にひと工夫で時短おかずのでき上がり**
36 **ポテトサラダで**　煮卵でコクうま！　和風ポテサラ
37 **ポテトサラダで**　トマトとベーコンで
カレーポテサラパン粉焼き
38 **カツオのたたきで**　カツオとちぎり豆腐の中華サラダ
39 **サーモンの刺し身で**　ご飯にもお酒にも合う　サーモンユッケ
40 **唐揚げで**　野菜と一緒に！　甘酢だれ
油淋鶏風！　香味ねぎだれ
さっぱり！　大根おろし&しそぽん酢
42 **アジフライで**　2種タルタルのアジフライ
43 **焼き鳥で**　焼き鳥で香ばしく！　炭焼き風親子丼

44 **遅い時間に食べるから野菜多めがわが家流**
48 玉ねぎたっぷり！　SHINOのしょうが焼き
50 彩り野菜たっぷり！　焼き鮭南蛮
52 エビブロポテトのごろごろペペロンチーノ
54 じんわりおいしい。手羽元と白菜のとろっとスープ
56 たことざく切りキャベツの塩昆布パスタ
57 なすとベーコンたっぷりのトマトペンネ

58 **おかずがいらない自慢のサラダ**
60 黄身をぽとり。アボたまシーザーサラダ
64 レンジ蒸し鶏とたたききゅうりのごま香味だれ
里いもとえびの明太マヨサラダ
66 豚しゃぶ春雨エスニックサラダ

68 COLUMN 1　おすすめ！　時短リゾ

PART 2

平日ラクするお助けアイデア

70 **「切り置き」しておけばカット野菜のように使える**

74 **キャベツ　ざく切り&せん切り**

Tatsuyaのしょうが焼き

76 ご飯がすすむ！　豚バラ回鍋肉

78 ざく切りキャベツと豚しゃぶ

79 キャベツとちくわのごま和え

80 ひじきの和風コールスロー

81 キャベツトースト目玉焼きのせ

82 **ねぎ　青ねぎの小口切り&長ねぎ（白い部分）のみじん切り**

落とし卵とねぎのみそ汁

たっぷりねぎ豚お好み焼き

84 ねぎたっぷりチリソースのえびチリ

85 アレンジ　鶏肉のチリソース

86 **大根　いちょう切り**

豚ひき肉とミニトマトのエスニックスープ

87 大根とハムのマリネサラダ

大根の梅和え

88 **玉ねぎ　薄切り&くし形切り**

玉ねぎとツナのめんつゆ炒め

89 チーズトーストで　即席オニオングラタン風スープ

90 **きのこミックス（しいたけ・しめじ・エリンギ・えのきだけ）**

きのこたっぷり！　コーンバターソテー

91 だし香る　鮭ときのこのホイル焼き

92 **洋風野菜ミックス（玉ねぎ・キャベツ・ピーマン・黄パプリカ）**

ウインナー入り！　彩り野菜のほっこりポトフ

93 簡単！ごろっと鶏肉入りラタトゥイユ

94 **中華野菜ミックス（キャベツ・にんじん・にら）**

食べたくなるレバニラ炒め

95 豚バラとたっぷり野菜の中華蒸し

96 **火が通りにくい野菜は時間があるときに「炒め置き」**

100 **玉ねぎの炒め置きで**

まるごとジューシー！　大きいハンバーグ

102 本格！　ガパオライス

104 お豆ころころドライカレー

105 **根菜の炒め置きで**

煮込まない！　根菜の豚カレー

106 さっとできてうれしい筑前煮

根菜のほっこり豚汁

108 「漬け置き」は時短になるうえ味もしみ込み、一石二鳥！
112 1品で満足！ 温玉のせ牛丼
114 ビールがうまい！ タンドリーチキン
116 塩麹でしっとり やわらか厚切りポークソテー
つけ合わせ レンジで作る！ じゃがバタパセリ
118 ご飯がすすむ 簡単！プルコギ
120 焼くだけ！ 照り焼きチキン丼
121 即席！ 山かけまぐろ漬け丼
122 アレンジ自在で万能！ 「肉みそ」作り置き
124 肉みそ
126 フライパンおこげがおいしい 3色ナムルのビビンバ
128 お気に入りのオクラ入り麻婆豆腐
130 COLUMN 2 おすすめ！ 薬味の長持ち保存法

PART 3 5分でできる！ 超特急副菜

132 缶詰のストックがあれば「あと一品」に大活躍
135 焼いたみそが香ばしい ツナみそひと口田楽
136 香味野菜たっぷり さばぽんやっこ
137 めんつゆが決め手！ トマトツナ和え
138 ごま油大好き。仕上げのひと回しでおいしくなる
141 ざく切り白菜とのりのチョレギサラダ
142 やみつき！ たこきゅうキムチ
香る枝豆七味がけ
143 ピーマンのめんつゆ炒め
144 和風トマパッチョ
さっぱりもずくトマト
145 きゅうりとかにかまのゆずこしょうマヨ
たたききゅうりとしらすのわさびぽん酢和え
146 なすの照り焼き黄身添え
147 レンジで簡単！ なすのエスニックだれ
148 レタスのペペロンチーノ風
149 レタスとぱりっとワンタンの皮の肉みそそぼろ
150 ピリ辛！ ざくざくやっこ
豆腐とキャベツのチャンプルー
151 アボカド白和え
152 COLUMN 3 おすすめ！ 料理が映える白い和食器

PART 4 今度の週末　なに作ろう？

154 夫婦料理対決！　SHINO VS Tatsuya
158 **焼きそば対決！**
160 SHINOが作る　たっぷり野菜のあんかけ焼きそば
162 Tatsuyaが作る　牛肉オイスターソース焼きそば
164 **鍋対決！**
166 Tatsuyaが作る　豚バラ肉みそ担々鍋
168 SHINOが作る　きのこと白だしのとろろ鍋
170 **オムライス対決！**
172 SHINOが作る　ふんわり卵の明太クリームオムライス
176 Tatsuyaが作る　鶏肉ととろとろ卵の具だくさんオムライス
178 **俺の本気の焼き豚**
182 焼き豚
184 ガツンと焼き豚炒飯
185 焼き豚と肉そぼろの汁なし担々麺

186 金曜日の呑み飯
192 餃子の皮で　しらすピザ
193 ミニトマトとアボカドのわさびのり
194 いかとブロッコリーの薬味だれ
195 手羽先の黒こしょう焼き
196 おつまみトルティーヤチップスと彩り野菜スティック
ピリ辛みそマヨディップ・ワカモレディップ・
レンジでバーニャカウダディップ
198 長いもとオクラのオイスターソース炒め
199 マッシュルームの生ハム入りアヒージョ
200 まぐろなめろう
201 白だしで作るだし巻き卵
クリームチーズのおかかナッツ和え
202 お気に入りの道具
204 お気に入りの調味料
206 終わりに……日々の暮らしを楽しく、おいしく

この本の使い方

・大さじ1＝15㎖、小さじ1＝5㎖です。
・火加減はとくに記載がない場合は、中火です。
・電子レンジ加熱は600Wを基本にしています。500Wなら1・2倍、700Wなら0・9倍の時間で加熱してください。
・オーブントースターは1000Wのものを基本にしています。W数が異なるときは、様子を見ながら加熱時間を調整してください。
・だしは市販のものを使用しています。和風には「ほんだし」または「だしパック」を、洋風には「固形スープの素」を、中華風には「鶏がらスープの素」を使用しています。
・おろしにんにく、おろししょうがは、市販のチューブのもので代用できます。にんにく1片分＝3㎝、しょうがひとかけ分＝3㎝が目安です。

STAFF

ブックデザイン　天野美保子
撮影　砂原 文
スタイリング　河野亜紀
調理補助　もあいかすみ
取材&文　高井法子
校正　麦秋アートセンター
ＤＴＰ　ニッタプリントサービス
編集担当　前山陽子
撮影協力　ダイエー大島店（東京都・江東区）

PART 1

平日のバタバタごはん

忙しくて余裕がない日は とりあえず、肉を焼こう

お互いの出勤時間が異なるので、平日の朝は、起きるのも、朝食をとるタイミングもそれぞれです。それもあって、夜は買い物から支度、食事、片付けまで、できる限り一緒に過ごせるようにしています。

「仕事のメドがついた頃に、〝今日はなに食べたい？〟〝なに作ろうか〟とメールでやり取り。早く帰れるほうが買い物を済ませる場合もありますが、お互い会社をスムーズに出られる日は大体20時半に地元のスーパーで待ち合わせします」（SHINO）

メニューを改めて相談しながら店内を巡る中で、

必ず立ち寄るのは野菜売り場。そして次に、精肉コーナーに自然と足が向きます。

「遅い時間になると、魚は種類や数が少なめになりますが、肉は選択範囲が残っていて、少量でも満足感が出せるので、どうしても肉の登場回数が増えます。あと、シンプルに焼くだけで十分おいしいし、焼いている間に副菜や汁ものを作れるから、余裕がない日の主菜は、肉を焼くに限ります」（Tatsuya）

　断トツに多い一品は、塩とこしょうを軽くふって焼くチキンソテー。食べるときにレモンを絞ったり、ゆずこしょうやねぎぽん酢をつけたり。気分次第で、焼き油ににんにくやしょうがを加えて風味を増し、しょうゆやみりんなどと合わせたたれをからめて照り焼きにすることもあります。

肉さえ
焼いちゃえばね。
その間に副菜をどうするか
決める余裕もできるんです。

「余裕がない日が続き、味をもっと変えたいときは、トマト缶や白菜キムチが重宝します。トマト缶は手軽にソースが作れて、キムチは一緒に炒めれば味も決まりますし、野菜もプラスできるので」（SHINO）

また、慌ただしい晩ごはんだからこそ、調理は20分以内で、なるべくフライパン1個で完結できるように工夫しています。つけ合わせの野菜は、焼いている肉の横にスペースをあけて炒めます。ソースやステーキに合うガーリックライスも、焼いた肉を取り出した後に続けて同じフライパンで作ることも。

「毎日のことなので、料理が気楽にできると、ほどよい気分転換になります。一日を締めくくる晩ごはんがおいしかったら、次はなにを作ってみようかな、という気持ちが湧いてくるんです」（Tatsuya）

ゆっくり買い物できる日も
限られるわけで…

さっと焼いて うまい！ チキンソテー

12分

難易度

材料（２人分）

鶏もも肉 ………… ２枚
塩・こしょう ………… 各少々
サラダ油 ………… 大さじ½
レモン ………… １個
レタス ………… 適量

作り方

1 鶏肉は余分な脂や筋を取り除き、身の厚い部分に切り込みを入れ、塩・こしょうで下味をつける。

2 フライパンを中火で熱してサラダ油を入れ、鶏肉の皮目を下にして並べ、押さえつけながら焼く。皮目がこんがりしてきたら、ふたをして中火で焼き、中まで焼けてきたら返して、反対側もふたをして焼く。

3 両面に焼き色がついたらふたを取り、油をふき取り、再度、皮目を焼いてこんがり仕上げる。

POINT

脂や筋を取り除くときはキッチンバサミが大活躍。

肉を押さえながら焼くと、焼き色が均一について、香ばしさもアップ。

余分な脂はペーパータオルでしっかりふき取って。

とりあえず焼くだけだけど、おいしく仕上げたいよね

彩りにレタスを添えて。レモンをたっぷり絞って、いただきます

皮目からこんがり焼くのが
おいしさのポイント。
皮はパリパリ、中はしっとり
ジューシーで大満足。

ガツンとスタミナ！チキンソテーのにんにく醤油

つけ合わせのピーマンも
同じフライパンでソテー。
にんにく多めで
パンチの効いた一品に。

つけ合わせは
きのこミックス
（P90参照）も
おすすめ！

フライパン
1個でできる
スピードおかず

15分

難易度

POINT

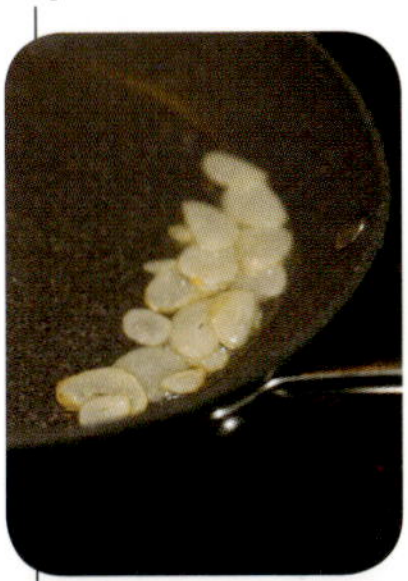

にんにくの香りを十分に油に移すのが、おいしさのポイント。

鶏肉を返したら、にんにくが焦げないように鶏肉の上にのせて。

同じフライパンでピーマンを炒めて、つけ合わせも作っちゃおう。

材料（2人分）

鶏もも肉	2枚
ピーマン	2個
にんにく	2片
赤唐辛子	1本
塩・こしょう	適量
サラダ油	小さじ1
しょうゆ	大さじ½

作り方

1 鶏肉は余分な脂や筋を取り除き、身の厚い部分に切り込みを入れ、塩・こしょう各少々で下味をつける。ピーマンはへたと種を除き、ひと口大に切る。にんにくは薄切りに、赤唐辛子は種を除いて、小口切りにする。

2 フライパンにサラダ油、にんにくを入れて弱火で熱し、香りが出てきたら、鶏肉の皮目を下にして並べ、押さえつけながら焼く。皮目がこんがりしてきたら、ふたをして中火で焼き、中まで焼けてきたら返して、反対側もふたをして焼く。

3 両面に焼き色がついたらふたを取り、脂をふき取り、皮目をカリッと焼き、しょうゆを加えてさっとからめる。

4 フライパンのあいたところにピーマンと赤唐辛子を加えて炒め、塩・こしょう各少々をふる。鶏肉を食べやすい大きさに切って器に盛り、ピーマンを添える。

チキンソテー とろ〜り トマトチーズ ソースがけ

15分

難易度

POINT

鶏肉を焼いたら、ソースを作る間、取り出しておく。

飾り用のバジルを4〜5枚取っておき、ソースに加える。

チーズの量はお好みで。

材料（2人分）

鶏もも肉……………………2枚
にんにく……………………1片
バジル………………………適量
トマト缶（ホール）………1缶
固形スープの素……………1個
オリーブオイル……大さじ1
ピザ用チーズ……ひとつかみ
塩・こしょう………………適量

作り方

1 鶏肉は余分な脂や筋を取り除き、身の厚い部分に切り込みを入れ、塩・こしょう各少々で下味をつける。にんにくはつぶす。

2 フライパンを中火で熱してオリーブオイルを入れ、鶏肉を皮目から入れて焼き、裏返して8割ほど火が通ったら取り出す。

3 同じフライパンににんにくを入れ、弱火で炒める。香りが出てきたら、トマト缶、スープの素を入れて溶かし、トマトをつぶしながら中火で5分ほど煮る。塩・こしょう各少々で味をととのえ、ピザ用チーズ、バジル（飾り用を取っておく）を加える。

4 鶏肉を戻し入れて軽く混ぜ、味をなじませる。器に盛り、バジルを飾る。

トマトの酸味とジューシーな鶏肉が絶妙なおいしさ

チーズがとろりと溶けてコクのあるトマトソースに

トマト缶とチーズを
合わせてソースに！
簡単なのにコクうまです。

間違いない組み合わせ。
家にキムチがあればよく作ります。
ご飯と卵を入れて、
キムチ炒飯にしても、いいよね。

ぱぱっと作りたい！豚キムチ

ポリ袋とハサミを使えばラクチン！洗い物が減るね

キムチは便利だから常備してるよね

10分

難易度

材料（２人分）

豚薄切り肉……………………200g

下味

　酒……………………大さじ１

　塩・こしょう…………各少々

白菜キムチ……………………150g

にら……………………２～３本

ごま油……………………大さじ１

A

｜鶏がらスープの素……小さじ１

｜しょうゆ……………大さじ１

白炒りごま……………ふたつまみ

作り方

1　豚肉はポリ袋に入れ、酒、塩・こしょうで下味をつける。

2　フライパンを中火で熱してごま油を入れ、豚肉を炒める。色が変わってきたらキムチを加え、炒め合わせる。

3　全体に火が通ってきたら、A、にらをハサミで切りながら加え、ざっと合わせる。器に盛り、ごまをふる。

POINT

にらはキッチンバサミでカット。包丁もまな板もいらない。

やっぱりご飯が食べたい！ガーリックライスのステーキ丼

15分

難易度

POINT

肉とつけ合わせの野菜は一緒にソテーしてスピード調理。

食欲をそそるガーリックバターライス。

材料（2人分）

- 牛肉（焼肉用ハラミ）……250g
- インゲン……6本
- ヤングコーン……4本
- しょうゆ……大さじ½
- 塩・こしょう……適量
- サラダ油……大さじ½
- 白炒りごま……適量

ガーリックライス

- ご飯……茶碗2杯分
- バター……10g

A

- にんにくチューブ……2cm
- しょうゆ……大さじ1
- 青ねぎ（小口切り）……大さじ2

作り方

1 インゲンは3cm長さに切り、ヤングコーンは縦半分に切る。牛肉は、塩・こしょう各少々で下味をつける。

2 フライパンを中火で熱してサラダ油を入れ、牛肉を焼く。牛肉の色が変わったらインゲン、ヤングコーンも加えて一緒に焼き、しょうゆ、塩・こしょう各少々で調味し、一度取り出す。

3 フライパンをさっとふき、バターを入れて溶かし、ご飯を炒める。**A**を加えて炒め合わせ、ガーリックライスを作る。

4 器に**3**を盛り、**2**の肉と野菜をのせ、ごまをふる。

あとは汁ものがあれば言うことなし

野菜は季節のものをお好みでOK

お肉はカットされているものを使うのがおすすめ。余裕があれば、室温に戻してから焼くとGOOD。

市販の惣菜にひと工夫で 時短おかずのでき上がり

真剣にチェック!

ふたりとも、「ごはんはなんでもいい」という日はほぼナシ。ちょっと迷ったときは、とりあえず肉を焼き、副菜を作るパターンに落ち着きます。少しずつ、いろいろなものを食べたいところも一致していて、アイデアを巡らせるのも楽しいんです。とくに平日の夜は限られた時間を有効に使いたいから、時短は大切な要素。イチから作ることにこだわらず、食材の買い物中に惣菜コーナーもチェックします。でも、そのまま食卓にスライドさせるのは味気ないので、市販の惣菜に手を加えて自分たち好みに仕上げるの

惣菜アレンジはまかせて!

時間がない日は助かるね!

あ、タイムセール?

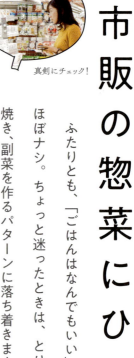

エスニック
たたきとか、どう？

がぐっち夫婦スタイルです。

「選ぶのは味が想像できて変化をつけやすい、比較的スタンダードなもの。たとえばポテトサラダは、マヨネーズのクリーミーな口当たりを生かしながら、〝コク増ししてみよう〟〝カリカリシャキシャキをプラスしよう〟と、今食べたい味や食感のイメージに合わせて、少しアレンジします」（SHINO）

遅い時間のスーパーに並ぶ、種類や量が少なめの刺し身は、たっぷりの野菜と組み合わせてボリュームアップ。おなかも目も満たされるよう、〝ごちそう感〟を出すよう工夫しています。唐揚げやアジフライ、とんかつなどの揚げ物もひとアレンジ！　唐揚げは野菜を足してたれをからめたり。アジフライなら、具だくさんのタルタルソースを添えるとか。とんか

サーモンの
刺し身があるよ！
どんぶりにする？

大好き！
アジフライ。

つは大根おろしに薬味を入れたたれで食べることもあれば、卵でとじればカツ丼もあっという間。「焼き鳥も串からはずして卵とじにしたり、ご飯にのせて親子丼にしたり。あと、コンビニでも手に入って、結構おいしい煮卵やほぐしチキンも、ちょい足ししたいときに重宝しています」（Tatsuya）

さらに時短に役立つのが、野菜の切り置きです。キャベツや玉ねぎ、長ねぎなど、ふたり暮らしでは一度に丸々は使い切れない野菜を、ついでにカットして、ビニール袋に入れて冷蔵保存しています。市販の惣菜にちょい足しするときも、肉を焼いたときのつけ合わせにも、サッと使えてとても便利です。「切る、ゆでる、揚げるなどのプロセスを省いた分だけ、余裕ができて品数を増やせます。ちゃんと食

お父さんのおつまみ
だけじゃないんです！

ポテサラって
変身メニューに向いてるよね。

べたいけれど、無理をすると続かないですよね。でき合いのものを使うことに抵抗を感じる人もいますが、僕たちは惣菜を完成品ではなく、材料の一つとしてとらえていて。スーパーで目にとまったら、どんな風にアレンジできるかを頭に浮かべながら〝ついで買い〟します。ごまや削りかつおをふる。薬味を添える。卵を落とす。そんなささやかなひと手間でもいいと思うんです。そのひと手間をかけるだけで味に奥行が出て、見映えもしますから」

（Tatsuya）

唐揚げなら
いつでもこい！

ポテトサラダで

煮卵で
コクうま!
和風ポテサラ

「市販のポテサラに市販の煮卵をのせて、ちょっとぜいたくに。ビールに合うから、メンマものせたくなるんよね。」

5分

難易度

買ってきたものに
頼ってもいいよね

SHINO

めんつゆがポイント。
好みでちょっと
ラー油をたらしても!

Tatsuya

材料(2人分)

ポテトサラダ……1パック(200g)
煮卵……2個
めんつゆ(2倍濃縮)……小さじ2
サニーレタス……適量
青ねぎ(小口切り)……適量

作り方

1 ボウルにポテトサラダを入れ、めんつゆを合わせる。

2 器にちぎったレタスを敷き、**1**と手で割った煮卵をのせ、青ねぎを散らす。

トマトとベーコンで
カレーポテサラ
パン粉焼き

パン粉をかけて、
カリッと焼き上げます。
トマトがはじけて
じゅわーっと広がるのが、
またおいしい。

10分

難易度

買ってきたポテサラが
ごちそうに大変身
Tatsuya

焦げそうなときは
アルミホイルを
かぶせて
SHINO

材料(作りやすい分量・2~3人分)

ポテトサラダ ……………… 2パック(400g)
ベーコン ……………… 2枚
ミニトマト ……………… 6個
パン粉 ……………… 大さじ2
カレー粉 ……………… 小さじ1
粉チーズ ……………… 小さじ2
パセリ(みじん切り) ……… 適量
粗びき黒こしょう ……… 少々

作り方

1 ベーコンは1cm幅に切る。ミニトマトはヘタを取る。

2 耐熱容器にポテトサラダ、ベーコン、ミニトマトをのせ、パン粉、カレー粉、粉チーズをかける。

3 オーブントースターで7~8分、こんがりと焼き色がつくまで焼く。パセリと黒こしょうをふる。

カツオのたたきで

カツオとちぎり豆腐の中華サラダ

食感が楽しい、具だくさんサラダ。豆腐を水きりするのが、おいしさの秘訣。

10分

難易度

豆腐は3個で1セットになっているタイプを使っています
SHINO

おろししょうがは、チューブタイプが手軽で便利
Tatsuya

材料（2人分）

- カツオのたたき……1パック
- 木綿豆腐……1パック（130g）
- わかめ（戻した状態）……50g
- 玉ねぎ……¼個
- ミニトマト……2～3個
- 青ねぎ（斜めに切る）……適量
- ラー油……お好みで

A
- ぽん酢……大さじ3
- ごま油……大さじ2
- おろししょうが……小さじ½

作り方

1. カツオは5～6㎜幅に切る。
2. 豆腐はペーパータオルで包み、水きりする。玉ねぎは薄切りにして水にさらす。ミニトマトは縦4つ割りにし、Aは合わせておく。
3. 器に水けをきった玉ねぎ、わかめ、豆腐をちぎってのせ、カツオを盛りつける。ミニトマトを飾り、青ねぎを散らす。食べる直前にAをかける。好みでラー油をかけても。

サーモンの刺し身で

ご飯にも
お酒にも合う
サーモンユッケ

「1人分のお刺し身が、
かさ増しできて
ちょっと豪華に。
スプラウトは
かいわれ菜でもお好みで。」

サーモンのほかに、
まぐろや白身の
刺し身でもできるよ

Tatsuya

卵黄をくずしながら
召し上がれ!

SHINO

8分

難易度

材料(2人分)

サーモン(刺し身用)……200g
きゅうり……1本
スプラウト……½パック
卵黄……1個分
白炒りごま・刻みのり……各適量

A

ぽん酢……大さじ1
しょうゆ・ごま油・白すりごま……各小さじ1

作り方

1 きゅうりはせん切りに、スプラウトは根元を除く。

2 ボウルにサーモンとAを入れ、和える。

3 器にきゅうりをこんもりと盛り、2のサーモンを円を描くようにのせ、中央に卵黄を落とす。スプラウト、刻みのり、ごまをのせる。

唐揚げで

やっぱり唐揚げ！たれに工夫で食べ方いろいろ

10分

難易度

合わせるたれで楽しめるっていいよね！

SHINO

唐揚げは正義！うまいなあ。

Tatsuya

野菜と一緒に！甘酢だれ

材料（２人分）

唐揚げ	5〜6個
なす	１本
かぼちゃ	⅛個
サラダ油	適量
白炒りごま	少々
A	
水	100mℓ
しょうゆ	大さじ３
砂糖	大さじ２
酢	大さじ１
片栗粉	小さじ１

作り方

1 なすは乱切りに、かぼちゃは5㎜幅に切る。

2 フライパンにサラダ油を熱し、なすとかぼちゃをさっと揚げ焼きし、取り出す。

3 **2**のフライパンの油をふき取り、**A**を入れて、弱火で混ぜながら、とろみをつける。唐揚げ、なす、かぼちゃを入れてからめる。器に盛り、ごまをふる。

買ってきた唐揚げは、
野菜や薬味たっぷりのたれで
食べるのがわが家流。
必ず、オーブントースターで
温めて、衣をカリカリッと
させるのがポイント。

材料（２人分）

唐揚げ……………………5〜6個
長ねぎ（みじん切り）……10cm
しょうが（みじん切り）
……………………ひとかけ
ごま油……………………大さじ½
赤唐辛子（小口切り）……１本
A
- 酢……………………大さじ２
- 砂糖…………………大さじ１
- しょうゆ……………小さじ１
- おろししょうが……小さじ１

作り方

1 小鍋にごま油を熱し、長ねぎ、しょうが、赤唐辛子を入れてさっと炒め、**A**を合わせる。

2 熱いうちに唐揚げにかける。

材料（２人分）

唐揚げ……………………5〜6個
大根………………………５cm
大葉（せん切り）…………2〜3枚
ぽん酢……………………適量

作り方

大根をおろして軽く絞って唐揚げにのせ、大葉を飾る。食べる直前に、ぽん酢をかける。

アジフライで

2種タルタルのアジフライ

市販のアジフライは、青のりをふって、香りよく。
タルタルソースはちょっとアレンジ。

10分

難易度

キャベツのせん切りを切り置きしておくと、忙しいときに助かります
SHINO

しば漬けと梅かつおの和風タルタルで、さっぱり
Tatsuya

材料（2人分）

アジフライ……2枚
サニーレタス……適量
せん切りキャベツ……適量
青のり……少々

しば漬けタルタル

ゆで卵（刻む）……2個
しば漬け（刻む）……大さじ1
マヨネーズ……大さじ3

梅かつおタルタル

ゆで卵（刻む）……2個
梅干し（種を除いて、刻む）……1個分
削りかつお（個包装パック）……½袋
マヨネーズ……大さじ3
牛乳……大さじ½

作り方

1 アジフライはオーブントースターで温め直し、カリッとさせる。

2 器に、レタスとキャベツを盛り、アジフライをのせて、青のりをふる。

3 2種類のタルタルの材料を混ぜ合わせ、アジフライに添える。

焼き鳥で

焼き鳥で香ばしく！炭焼き風親子丼

ねぎま2本、つくね1本で2人分ができ上がり。焼き鳥の香ばしさに、とろっと半熟に仕上げた卵でおいしさアップ。

10分

難易度

買ってきた焼き鳥で親子丼。好みで七味をかけても！

Tatsuya

七味はなくても、おいしいよ〜

SHINO

材料（2人分）

焼き鳥（好みのもの）……3本
玉ねぎ……½個
三つ葉……適量
卵……2個
ご飯……茶碗2杯分
刻みのり……適量
A
　めんつゆ（2倍濃縮）……大さじ2
　みりん……大さじ½
　水……100㎖

作り方

1 焼き鳥は串からはずす。玉ねぎは繊維に沿って縦5㎜幅に切る。

2 鍋に、A、1の玉ねぎを入れて煮る。ふつふつしてきたら、焼き鳥を入れる。玉ねぎがやわらかくなったら、卵を溶いて入れ、ふたをして1分半蒸らす。

3 茶碗にご飯を盛り、のりを散らす。2をのせ、三つ葉を飾る。

遅い時間に食べるから
野菜多めがわが家流

20時半にスーパーで待ち合わせして、急いで買い物を済ませ、20分で調理して。晩ごはんを食べ始めるのは、21時を過ぎることがほとんどです。食事のスタート時間が遅いので、胃がもたれて翌朝に体が重くならないように、遅ければ遅いほどヘルシーさを心がけています。平日は白米などの糖質は控えめにして、自然と野菜を多めにとるスタイルになりました。

「祖父母が八百屋を営んでいたこともあり、野菜はとても身近な食材。大皿に盛ったゆでブロッコリーやじゃがいもなどを、各自好きな味つけで食べるよ

先に帰って準備しておくね！

お肉より
野菜が多いよ!

うな、野菜をシンプルに味わうメニューがいつも並んでいる家で育ちました」(SHINO)

「うちは男2人兄弟だから、ボリューミーでしっかりした味のご飯がすすむおかずが多かったかな。でも思い返してみると、ブロッコリーやトマトなどを使ったサラダはいつもありました」(Tatsuya)

そんな幼い頃の記憶も手伝ってか、ともに好き嫌いがほとんどなく、使う野菜はさまざま。アレンジ力が高い野菜の切り置きや炒め置きを生かしながら、作る料理と気分に合わせて、食材をチョイスします。

「SHINOさんはトマトを欠かさないとか、僕は夏野菜が好きとかはありますが、ふたりとも、〝今日、なに食べたい?〟という気分を大切にしているので、食材を選ぶときはメニュー優先です」(Tatsuya)

トマトも
大皿いっぱい
ペロリ。

フライパンいっぱいの
野菜も炒めると
かさが減りますね！

冷蔵庫のストックを思い出しつつ、立ち寄ったスーパーの品ぞろえ次第。野菜コーナーには当たり前のように最初に向かいます。そして、買い物中はまず気になる野菜を手に取って、その豊かな色彩を食卓に映したくなります。

「とくに、旬のものは特別で、そら豆やヤングコーン、たけのこ、きんかんなど、出回る短い時期を逃したくないから率先して手に取ってしまいます。初ものは無性に食べたくなって。旬の時期だからこそ楽しめる贅沢ですね」（Tatsuya）

「でもそれも、食卓を盛り上げる彩りですよね。余裕がなくて、とりあえず肉を焼いた日でも、料理に赤、緑、黄色の野菜をミックスして、食器もコーディネート。その色合いがしっくりはまってきれいだとワク

たっぷり野菜を食べると
なんか体が
シャキっとするよね。

ワクして、束の間慌ただしさを忘れさせてくれます。そこに旬のものが並んで、香りと味わいもプラスされたら、ますます気分が上がりますから」（SHINO）

ぐっち夫婦の料理の特徴は、肉や魚以上に存在感を発揮している色とりどりの野菜かもしれません。

主菜が肉と魚のどちらでも、必ずつけ合わせや薬味を添えて、たれやソースにも野菜を盛り込みます。結局のところ、野菜多めは、〝味も見た目もおいしく〟を大切にしているからこその、晩ごはん。

「スーパーで食材を見て、レシピのアイデアがひらめくときや、〝なにを作ろう〟〝あの野菜が出る時季だね〟と会話している時間がとにかく楽しいんです」（SHINO）

糖質控えめ、
野菜たっぷり。
いろんな種類を
食べたいね！

玉ねぎたっぷり！SHINOのしょうが焼き

切り置きのせん切りキャベツに大葉を混ぜると、香りがよくなるので、おすすめ！

マヨネーズはお好みで

15分

難易度

材料（２人分）

豚こま切れ肉	250g
玉ねぎ	１個
サラダ油	大さじ½
キャベツ（せん切り）	適量
大葉（せん切り）	２枚
ミニトマト	適量
塩・こしょう	各少々
A	
おろししょうが	大さじ１
しょうゆ	大さじ２と½
みりん	大さじ２
酒	大さじ１

作り方

1 玉ねぎは5㎜幅に切る。豚肉は塩・こしょうで下味をつける。玉ねぎ、豚肉、**A**をすべてポリ袋に入れ、もみ込む。

2 キャベツのせん切りと、大葉のせん切りを混ぜ合わせ、器に盛り、ミニトマトを添える。

3 フライパンにサラダ油を熱し、**1**を調味液ごと入れ、炒める。火が通ったら、**2**の器に盛る。

POINT

玉ねぎは繊維に沿って薄切りに。切り置き（P88参照）を使うとラク。

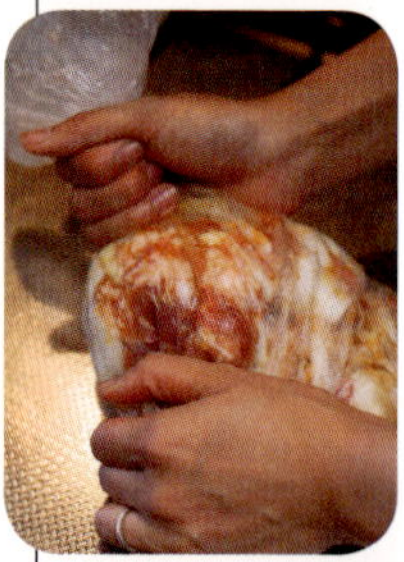

玉ねぎと豚肉はポリ袋に入れ、調味料を加えて、もみ込んでおく。

調味液ごとフライパンに投入して、炒めるだけ。あっという間にでき上がり。

豚こま肉のしょうが焼きが、
母の思い出の味。きょうだい
3人分をフライパン1つで
作るために考えたアイデア。

南蛮酢に野菜を浸して
味を行き渡らせます。
冷蔵庫で冷やしてから
食べても、おいしい。

彩り野菜たっぷり！焼き鮭南蛮

赤・緑・白と3色の野菜で彩り美しく

秋鮭の季節に食べたい一品

15分

難易度

材料（2人分）

- 生鮭 …… 2切れ
- 玉ねぎ …… ½個
- にんじん …… ⅓本
- ピーマン …… 2個
- 塩・こしょう …… 各少々
- 薄力粉 …… 適量
- サラダ油 …… 大さじ1と½

A

- 酢・しょうゆ・みりん …… 各大さじ2
- 砂糖 …… 小さじ1
- 水 …… 100mℓ
- 赤唐辛子（小口切り） …… 1本

作り方

1 小鍋にAを合わせて火にかけ、ひと煮立ちしたら火を止め、南蛮酢を作る。鮭に塩・こしょうをふり、薄力粉をまぶす。

2 玉ねぎ、にんじん、ピーマンは細切りにする。フライパンにサラダ油大さじ½を熱し、野菜を炒め、しんなりしたら取り出し、**1**と合わせ、粗熱を取る。

3 同じフライパンにサラダ油大さじ1を熱し、**1**の鮭を皮目から入れ両面焼く。器に鮭を盛り、**2**をかける。

POINT

たっぷりの野菜は軽く炒めてから、南蛮酢に漬け込む。

鮭は皮目からこんがり焼き色がつくまで、両面を焼く。

エビブロポテトのごろごろペペロンチーノ

にんにくは弱火で
じっくりと火を通して、
十分に香り出しをして。
じゃがいもをこんがりと
焼くのがポイント。

20分

難易度

材料（2人分）

ボイルえび	100g
じゃがいも	2～3個
ブロッコリー	1個
オリーブオイル	大さじ2～3
にんにく	1片
赤唐辛子（小口切り）	1本
塩・こしょう	各少々

作り方

1 じゃがいもは皮つきのまま乱切りにして、水につけておく。ブロッコリーは小房に分ける。にんにくは薄切りにする。

2 じゃがいもは耐熱容器に入れてふんわりとラップをかけ、600Wの電子レンジで6分半加熱する（竹串を刺し、少し芯が残る程度が目安）。ブロッコリーも同じく耐熱容器に入れて、ふんわりとラップをかけ、600Wの電子レンジで1分半加熱する。

3 フライパンにオリーブオイル、にんにく、赤唐辛子を入れて弱火にかけ、香りが立ってきたら、にんにくを取り出す。 中火にしてじゃがいもを入れ、あまり動かさず、表面にこんがりと焼き色がつくまで焼く。

4 ブロッコリー、えびを加えて炒め合わせ、塩・こしょうで調味する。

じんわりおいしい。
手羽元と白菜のとろっとスープ

白菜はあらかじめ
レンチンすることで、
煮込み時間が短縮できます。

25分

難易度

材料(2人分)

手羽元……5〜6本

下味

塩・こしょう……各少々

白菜……1/8個

にんにく(つぶす)……1片

しょうが(薄切り)……ひとかけ

水……800㎖

鶏がらスープの素……大さじ1

酒……大さじ1

塩……適量

水溶き片栗粉

……片栗粉小さじ1＋水大さじ1

作り方

1. 手羽元は塩・こしょうをふり、下味をつける。白菜はざく切りにし、耐熱容器に入れ、ふんわりとラップをかけて、600Wの電子レンジで4〜5分、くたっとするまで加熱し、水をきる。

2. 鍋に水、鶏がらスープの素、手羽元、にんにく、しょうが、酒を入れて火にかける。煮立ったらふたをして、弱火で5分煮込む。 白菜を加えて、さらに10分煮る。

3. 塩で味をととのえ、水溶き片栗粉を回し入れ、とろみをつける。器に盛り、好みでこしょう(分量外)をふる。

白菜がトロトロ。しみるね〜

手羽元の骨から旨みが出てるね！

たことざく切りキャベツの塩昆布パスタ

塩昆布は、盛りつける直前にさっと和えて。

15分

難易度

材料（2人分）

スパゲッティ	160g
ゆでだこ	120g
キャベツ	¼個
にんにく	1片
塩昆布	大さじ2
オリーブオイル	大さじ2
しょうゆ	小さじ1
酒	小さじ1
青ねぎ（小口切り）	少々

作り方

1 たこは薄切りに、キャベツはざく切りに、にんにくはみじん切りにする。

2 鍋にたっぷりの湯を沸かし、塩（分量外）を入れ、スパゲッティを袋の表示時間より1分短くゆでる。

3 フライパンにオリーブオイルとにんにくを入れ、弱火でじっくり炒める。にんにくの香りが立ったら、キャベツを加えて中火で炒める。

4 ゆで上がったスパゲッティをフライパンに加え、しょうゆ、酒、たこを加えてよく混ぜ、塩昆布を加えて、さっと和える。器に盛り、青ねぎを散らす。

なすとベーコンたっぷりのトマトペンネ

トマト缶と、フレッシュミニトマトのWづかいで、ごろごろ感を楽しんで。

材料（2人分）

- ペンネ……160g
- なす……1本
- ミニトマト……3〜4個
- ブロックベーコン……100g
- トマト缶（ホール）……1缶
- にんにく……1片
- 赤唐辛子……1本
- オリーブオイル……大さじ1
- 粉チーズ……適量

15分

難易度

作り方

1 なすは輪切りに、ミニトマトは半分に、ベーコンは1cm幅に切る。にんにくはみじん切りにする。赤唐辛子は種を除く。鍋にたっぷりの湯を沸かす。

2 フライパンにオリーブオイルとにんにく、赤唐辛子を入れ、弱火でじっくり炒める。にんにくの香りが立ったら、なすとベーコンを加えて炒め、さらにトマト缶を加え、中火にして5〜6分煮る。

3 湯に塩を大さじ1（分量外）とペンネを入れ、ときどき混ぜながら、袋の表示より1分短くゆでる。

4 **2**のフライパンにペンネを加えて合わせ、ミニトマトを加えて、さっと炒め合わせる。器に盛り、チーズをかける。

おかずがいらない自慢のサラダ

夜は副菜というより主菜になるようなボリューム感を持たせることが多いサラダは、主にSHINOさんが担当。以前、マヨネーズやドレッシングを手がける会社でメニュー提案をしていた経験があり、そのアイデアの豊富さはTatsuyaさんをうならせるほど。

「忘れられないのが、わさび菜とアボカド、豆をわさびじょうゆ風味のドレッシングで和えたサラダ。シャキシャキのわさび菜とミルキーなアボカド、ホクッとした豆のとり合わせがもう絶品で、〝よくこんなの思いつくな〜〟と。それ以来、サラダは考える

野菜コーナーは
じっくり吟味。

のをやめて、SHINOさんに任せることにしました」（Tatsuya）

とはいいながらも、Tatsuyaさんは大好きなポテトサラダや肉のせパワーサラダ、得意なエスニック系でときどき参戦。どちらがどんなタイプを作るにしても、目指すのは彩りと食感が楽しめるひと皿です。

「割と使うのはじゃがいも、ブロッコリー、トマト、アボカドで、バゲットやフライドオニオンをトッピングすることも。色合いと歯応えが違う素材をゴロゴロ入れて、満足感が出るようにします」（SHINO）

さらにドレッシングは、オイル、マヨネーズ、ぽん酢などをベースに、素材に合わせて調味料をブレンド。市販のシーザーをときにはわさびやゆずこしょうでアレンジして、わが家の味に仕上げます。

自慢のサラダです！
SHINO と Tatsuya の
お気に入り。

黄身をぽとり。アボたまシーザーサラダ

切るだけの簡単サラダですが、紫の野菜で彩りを添えると、気分が上がります

大胆にくずして食べて。アボたま、サイコー！

10分

難易度

材料（2人分）

アボカド	½個
卵黄	1個分
ロメインレタス	5〜6枚
黄パプリカ	¼個
紫玉ねぎ	⅛個
トレビス	1〜2枚
ハム	3枚
ブラックオリーブ（あれば）	3〜4個
バゲット	適量
シーザーサラダドレッシング（市販）	適量
粗びき黒こしょう	適量
粉チーズ	適量

作り方

1. アボカドは種を除いて皮をむく。ロメインレタスとトレビスは手でちぎる。紫玉ねぎは薄切りにし、軽く水にさらし、水けをきる。パプリカは細切りにする。オリーブは薄切りにする。ハムは4等分に切る。バゲットは軽くトーストする。
2. 器にロメインレタス、紫玉ねぎ、トレビス、パプリカ、ハムの順に盛る。中央にアボカドをのせ、種の部分に卵黄を落とす。
3. オリーブを散らし、バゲットを添える。ドレッシング、黒こしょう、粉チーズをかける。

アボカドの切り方

アボカドは縦に包丁を入れ、ぐるりと1周切り込みを入れる。切れ目をひねるようにして実を離し、種に包丁の角を刺して取り除く。皮は端からはがすように、丁寧にむく。

野菜はお好みのものでＯＫ。
アボたまはくずして、
野菜にからめながら
召し上がってくださいね。

軽く呑みたい平日の夜には
ボリュームたっぷりの
サラダを

レンジ蒸し鶏とたたききゅうりのごま香味だれ

里いもとかぼちゃで
ボリュームたっぷり。
ご飯いらずのサラダ。

里いもとえびの明太マヨサラダ

レンチンだけど
しっとり&やわらか。
ごま油が香ります。

15分

難易度

材料(2人分)

鶏むね肉……1枚
きゅうり……1本
水菜……1株
長ねぎ(青い部分)……1本分
しょうが(薄切り)……ひとかけ
酒……大さじ1
塩・こしょう……各少々
ラー油……適量

A

しょうゆ……大さじ2
酢・砂糖……各大さじ1½
ごま油……大さじ½
白すりごま……小さじ1

作り方

1 鶏むね肉は皮を除いて、フォークで数カ所穴をあける。耐熱容器に入れて、酒、塩・こしょうで下味をつけ、長ねぎの青い部分と、しょうがを入れて、ふんわりとラップをかけ、600Wの電子レンジで4分加熱する。裏返してさらに2分ほど加熱して、中まで火を通す。粗熱が取れたら、裂いておく。

2 きゅうりはポリ袋に入れて麺棒などでたたき、食べやすい大きさに割る。水菜は3〜4㎝長さに切る。

3 器に水菜、きゅうり、鶏肉の順にのせ、**A**を合わせて、かける。好みでラー油をかける。

POINT

フォークで穴をあけること、下味をつけることで、電子レンジで加熱しても、しっとりやわらかく仕上がります。

10分

難易度

材料(2人分)

里いも(水煮)……5〜6個
かぼちゃ……¼個
ボイルえび……8尾
ミニトマト……3個
サニーレタス……適量
塩……少々

A

辛子明太子(薄皮を除いてほぐす)……1個
マヨネーズ……大さじ3
牛乳……大さじ1
めんつゆ(2倍濃縮)……小さじ1
削りかつお……½袋

作り方

1 里いもは半分に切る。かぼちゃは5㎜幅に切ってさっと水にくぐらせる。合わせて耐熱容器に入れ、600Wの電子レンジで4〜5分加熱し、やわらかくする。粗熱を取り、塩をふる。

2 ボウルに**A**を入れて混ぜ、里いも、かぼちゃ、えびを和える。

3 器に手でちぎったレタス、**2**をのせ、半分に切ったミニトマトを飾る。

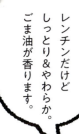

豚しゃぶ春雨エスニックサラダ

POINT

豚しゃぶは、湯から上げたら、ざるにのせて、冷めるまでそのまま置いておく。

15分

難易度

すだちじゃなくて、レモンやライムでもOK

果汁を絞った後は、炭酸水に入れるといいよ

材料（2人分）

豚肉（しゃぶしゃぶ用）……… 200g
春雨 …………………………… 80g
紫玉ねぎ ……………………… ¼個
トマト ………………………… 1個
黄パプリカ …………………… ¼個
サニーレタス（手でちぎる）… 3枚
パクチー・すだち ………… 各適量
塩・酒 ……………………… 各少々

A
- にんにく（みじん切り）…… 1片
- 赤唐辛子（小口切り）……… 1本
- スイートチリソース ……… 大さじ2
- ナンプラー ……………… 大さじ2
- レモン汁 ………………… 大さじ2
- 砂糖 …………………… 小さじ1½

作り方

1 鍋に湯を沸かし、春雨をゆでて取り出し、水にさらしておく。続けて鍋に塩と酒を入れ、豚肉をさっとゆで、ざるに上げて粗熱を取る。

2 春雨を食べやすい長さに切る。紫玉ねぎは薄切りにし、水にさらして水けをきる。トマトはくし形切りに、パプリカは細切りにする。

3 ボウルに**A**を入れて混ぜ、**1**の豚肉、**2**の春雨と野菜を入れてよく和える。レタスを敷いた器に盛り、好みでパクチーとすだちを添える。

タイ料理のヤムウンセンを、
豚しゃぶでアレンジ。
えびより食べ応えがあるから、
これ1品で大満足！

おすすめ！　時短ワザ

手早く下ごしらえができて、時短がかなう手法を紹介。道具が少なくて済み、洗う手間も減らせます。

ハサミで切る

にらや青ねぎといった香りが強い長いもの、長さが不均一な葉野菜は、片手でまとめてハサミでカット。

ポリ袋を使う

ポリ袋があれば手を汚さず、漬ける＆和えるがラクラク。切り置きや漬け置き食材の保存にも大活躍。

手でちぎる

油揚げやしいたけなどは手でちぎると、不ぞろいな断面に調味料がよくからみ、味もしみ込みやすい。大葉をはじめとするハーブも、包丁で切るより香り立つ。

PART 2

平日ラクする お助け アイデア

「切り置き」しておけば カット野菜のように使える

これは本当にラクで、助かります。平日、忙しくても、わが家では作り置き冷凍のフル活用はしていません。その代わり、野菜の「切り置き」が大活躍。

よく使う野菜を切って冷蔵保存しておけば、時短はもちろん、安心感も生まれるので、おすすめです。

「試しに20品くらい作って冷凍してみたことはあるけれど、今日食べたい味に仕上げるのが楽しい僕たちには向かなくて。だから冷凍は、肉とか炒め玉ねぎとか一部の材料に利用する程度。それより、切った野菜をポリ袋に入れて冷蔵庫にしまい、ササッと料理

やっぱり
キャベツは
必須でしょ。

さぁ、どんどん
切ります!!

できるほうが、しっくりきました」（Tatsuya）

定番はキャベツ、長ねぎと青ねぎ、大根、玉ねぎ。キャベツはせん切りとざく切りに、長ねぎはみじん切りで、青ねぎは小口切りに。玉ねぎは薄切りとくし形切りにと、使いやすさを考えながら切り方を変えて、ポリ袋に入れて保存します。ほかにも、ブロッコリーは火が早く通るように小さめにカット。水分が出やすいパプリカは1／4ほどにハサミで切るなど、よく使う野菜は切り方を工夫して「切り置き」します。「きのこ類、洋風や中華に合うものを何種類かひとまとめにした〝いろいろミックス〟も作っておくと便利です。どの野菜も切り置き用にわざわざ買うわけではないですし、調理するときに、残りを一緒に切っておくだけ。炒めものや和えもの、スープなど

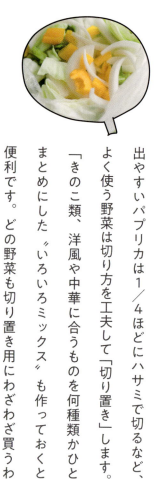

切り置き野菜、
あったよね？
あれ、ホント
便利だよね。

のメインにひとつかみ、ちょい足しするときにひとつまみで、手間なく野菜の品目を増やせるところも気に入っています」（SHINO）

鮮度を考えると、保存期間は長くて冷蔵3日。冷凍に比べたら短いけれど、使い勝手がいいからメニューのアイデアが広がって、きっちり使い切れます。そして「ストックがあることを忘れて買い足し、冷蔵庫の隅でぐったりしている子を発見」なんていう残念なことがなくなり、節約につながったのもうれしい結果です。難しいテクニックがいらず、ただ切って冷蔵庫に入れる。取り出したら即調理が始められて経済的。いいこと尽くしの「切り置き」は、お助けアイデアのトップバッターにふさわしい、頼もしい味方です。

キャベツ½個を買ってきたら、半分をざく切りに、もう半分をせん切りにしてしまいます。肉を焼くだけでつけ合わせに添えられたり、帰ってきてすぐ調理に取りかかれて便利です。ひとつかみで70gほどです

10分

難易度

Tatsuyaのしょうが焼き

材料（2人分）

- 豚しょうが焼き用肉 … 3〜4枚
- キャベツの切り置き（せん切り） … ふたつかみ
- トマト（くし形切り） … 適量
- きゅうり（斜め薄切り） … 適量
- 薄力粉 … 適量
- 塩・こしょう … 各少々
- サラダ油 … 適量

A

- しょうが … ふたかけ
- しょうゆ … 大さじ1
- みりん … 大さじ1
- オイスターソース … 大さじ½

下準備

- しょうがはひとかけをすりおろし、もうひとかけをせん切りにする。
- 豚肉は塩・こしょうで下味をつけ、薄力粉をまぶす。

作り方

1 フライパンにサラダ油を熱し、薄力粉をまぶした豚肉の両面を中火で焼く。

2 肉の色が変わったら、Aを加えてからめる。

3 器に盛り、つけ合わせの野菜を添える。

母が作ってくれた
思い出の味。
しょうが焼きといえば、
やっぱりコレじゃなきゃ

肉は1枚でいいよ〜

おろししょうがと、
せん切りしょうがのWづかいが
ポイント。ご飯がすすむから、
遅い時間は危険かな……。

ピーマンと
パプリカは彩りに。
キャベツと豚肉だけでも、
十分、満足できる
おかずになります。

切り置きの
キャベツを使うから、
すぐできる

茶色いおかずには
赤パプリカを足して
彩りアップ

ご飯がすすむ！豚バラ回鍋肉《ホイコーロー》

15分

難易度

材料（2人分）

豚バラ薄切り肉……200g

下味

塩・こしょう……各少々

酒……大さじ1

キャベツの切り置き（ざく切り）……ふたつかみ

ピーマン（3cm角切り）……1個

赤パプリカ（3cm角切り）……¼個

にんにく（みじん切り）……1片

しょうが（みじん切り）……ひとかけ

豆板醤……小さじ1

赤唐辛子（種を除く）……1本

サラダ油……大さじ½

ごま油……大さじ½

A

鶏がらスープの素……大さじ1

甜麺醤……大さじ1

しょうゆ・砂糖・酒……各大さじ1

下準備

・豚肉はポリ袋に入れ、下味の材料を入れてもみ込む。

作り方

1 フライパンにサラダ油を熱し、豚肉を炒めて、取り出す。

2 同じフライパンにごま油、にんにく、しょうが、豆板醤、赤唐辛子を入れて弱火で炒め、香りが立ったら、Aを加えてじっくり煮詰める。半量になったところで1を戻し入れ、炒め合わせる。

3 キャベツ、ピーマン、赤パプリカを加え、強火でさっと炒め合わせる。全体に火が通ったら、皿に盛る。

POINT

ざく切りキャベツは
ポリ袋から
手づかみで取って、
フライパンに投入。

ざく切りキャベツと豚しゃぶ

キャベツと豚肉をゆでるだけの簡単レシピ。2種類のたれでさっぱりと、飽きずに食べられます。

キャベツとちくわのごま和え

材料（２人分）

キャベツの切り置き（せん切り）……ひとつかみ
ちくわ……２本
塩……少々
削りかつお……適量

A
白すりごま……大さじ１
しょうゆ……大さじ½

作り方

1 キャベツは塩をふって少し置き、しんなりしたら、水けを絞る。ちくわは斜め1cm幅に切る。

2 キャベツはAで和えて器に盛り、ちくわをのせ、削りかつおをかける。

5分

難易度

ゆでるだけのヘルシーおかず

10分

難易度

材料（２人分）

豚ロース肉（しゃぶしゃぶ用）……200g
キャベツの切り置き（ざく切り）……ふたつかみ

A
しょうが（薄切り）……ひとかけ
長ねぎ（青い部分）……１本分
塩……少々

和風マヨジンジャーだれ

マヨネーズ……大さじ２
しょうゆ……小さじ１
おろししょうが……ふたかけ分

ごまみそだれ

白すりごま・みそ……各大さじ１
しょうゆ・酢……各大さじ½
砂糖・ごま油……各小さじ１

下準備

・鍋に水（分量外）とAを入れて沸かす。

作り方

1 器にたれの材料を合わせ、沸かした湯（分量外）を少し加えてのばす。

2 鍋にキャベツを入れ、しんなりするまでさっとゆで、ざるに上げて水けをきる。次に豚肉をゆで、色が変わったら取り出し、水けをきる。

3 器にキャベツと豚肉を、交互に盛る。食べる直前にたれをかける。

和風マヨジンジャーはわが家のオリジナル。ぜひお試しください

2種類のたれは冷蔵庫で2～3日保存できます。

ひじきの和風コールスロー

材料（2人分）

キャベツ（せん切り）……¼個分
コーン……大さじ2
ツナ缶……1缶
ひじき（戻した状態）……大さじ2
塩……少々
A
- マヨネーズ……大さじ1
- めんつゆ（2倍濃縮）大さじ1
- 白すりごま……小さじ1
- 塩・こしょう……各少々

作り方

1 キャベツは塩をふってよくもみ、水けを絞る。

2 ボウルに油をきったツナ、1のキャベツ、水けをきったひじき、コーン、Aを合わせ、よく混ぜる。

5分

難易度

食感が楽しくてついつい箸が進んじゃう

冷蔵庫で30分ほど冷やすと、味がなじみます

キャベツトースト目玉焼きのせ

8分

難易度

忙しい朝に
すぐできます。
野菜もとれるのが
うれしいところ。

材料（2人分）

食パン	2枚
卵	2個
キャベツ（せん切り）	¼個分
オリーブオイル	適量
塩・こしょう	各少々
お好みのソース	適量

作り方

1 フライパンを中火にかけてオリーブオイルを熱し、卵を割り入れ、塩・こしょうをふって、目玉焼きを作る。

2 食パンをオーブントースターで焼き、キャベツをのせてソースをかけ、1の目玉焼きをのせる。

ねぎ
青ねぎの小口切り&長ねぎのみじん切り（白い部分）

青ねぎ（わけぎや万能ねぎ）は小口切りに。長ねぎは白い部分をみじん切りに切り置きします。長ねぎの青い部分は豚しゃぶのときなどに使っています。（79ページ参照）

15分

難易度

材料（2人分）

豚バラ肉	200g
お好み焼き粉	100g
卵	1個
水	100mℓ
青ねぎの切り置き（小口切り）	50g
天かす	30g
サラダ油	大さじ1

トッピング

青ねぎの切り置き（小口切り）・ソース・マヨネーズ……各適量

作り方

1 大きめのボウルに、お好み焼き粉、卵、水を入れてよく混ぜ、青ねぎ、天かすを加えて混ぜ合わせる。

2 フライパンにサラダ油を熱し、豚肉を広げて入れて両面を焼く。豚肉に焼き色がついたら、1を流し入れ、生地の両面を焼く。

3 器に盛り、ソース、マヨネーズを左右に線を引くようにかけ、青ねぎをトッピングする。

落とし卵とねぎのみそ汁

10分

難易度

材料（2人分）

卵	2個
油揚げ	½枚
青ねぎの切り置き（小口切り）	ひとつかみ
だしパック	1袋
みそ	大さじ3
水	600mℓ

作り方

鍋に水とだしパックを入れて中火にかけ、だしを取る。油揚げを手でちぎって入れ、みそを溶き入れる。弱火にして卵を割り入れ、白身に火が通ったら器に盛り、青ねぎをのせる。

落とし卵入りのみそ汁大好き

ねぎは豪快にど〜んとてんこ盛りに

たっぷりねぎ豚
お好み焼き

お好み焼き粉を使うと
卵と水だけで
ふわふわの仕上がりに。

ねぎたっぷりチリソースのえびチリ

このチリソースの作り方を覚えておけば、鶏肉や白身魚でもアレンジできます。

15分

難易度

材料（2人分）

A／ねぎたっぷりチリソース

長ねぎの切り置き（みじん切り）	大さじ2
ケチャップ	大さじ2
しょうゆ	大さじ1
砂糖	大さじ1
豆板醤	小さじ½～1
水	100mℓ

えび……1パック（20尾）

下味

酒……大さじ1
塩・こしょう……各少々

片栗粉……大さじ2

ごま油……大さじ1
水溶き片栗粉……片栗粉大さじ½＋水大さじ1
白髪ねぎ……10cm分

作り方

1 ポリ袋にえびと下味の材料を入れてもみ込み、片栗粉を加えてさらにもむ。

2 フライパンにごま油を熱し、えびを並べ入れる。焼き色がついたら裏返し、3分ほど焼いて取り出す。

3 同じフライパンにAのねぎを入れ、炒める。しんなりしたら残りのAを加え、煮立ったら、水溶き片栗粉を混ぜながら加える。とろみがついたら、えびを戻し入れ、さっと混ぜ合わせる。

4 皿に盛り、白髪ねぎをのせる。

えびの代わりに、鶏もも肉（唐揚げ用にカットしてあるもの）200gを用意。あとの材料と作り方は、えびチリと同じ。彩りに青ねぎの小口切りを散らす。

豆板醤をピリッと効かせて

えびもいいけど、鶏チリもおいしいね

チリソースのねぎは、油で炒めて香りを出して使う。

白髪ねぎの作り方

長ねぎの白い部分を5cm長さに切り、縦に切り目を入れて中の芯を取り出し、外側だけを重ねて端からごく細く切る。水に10分ほどさらしてから水けをきって使う。

大根 いちょう切り

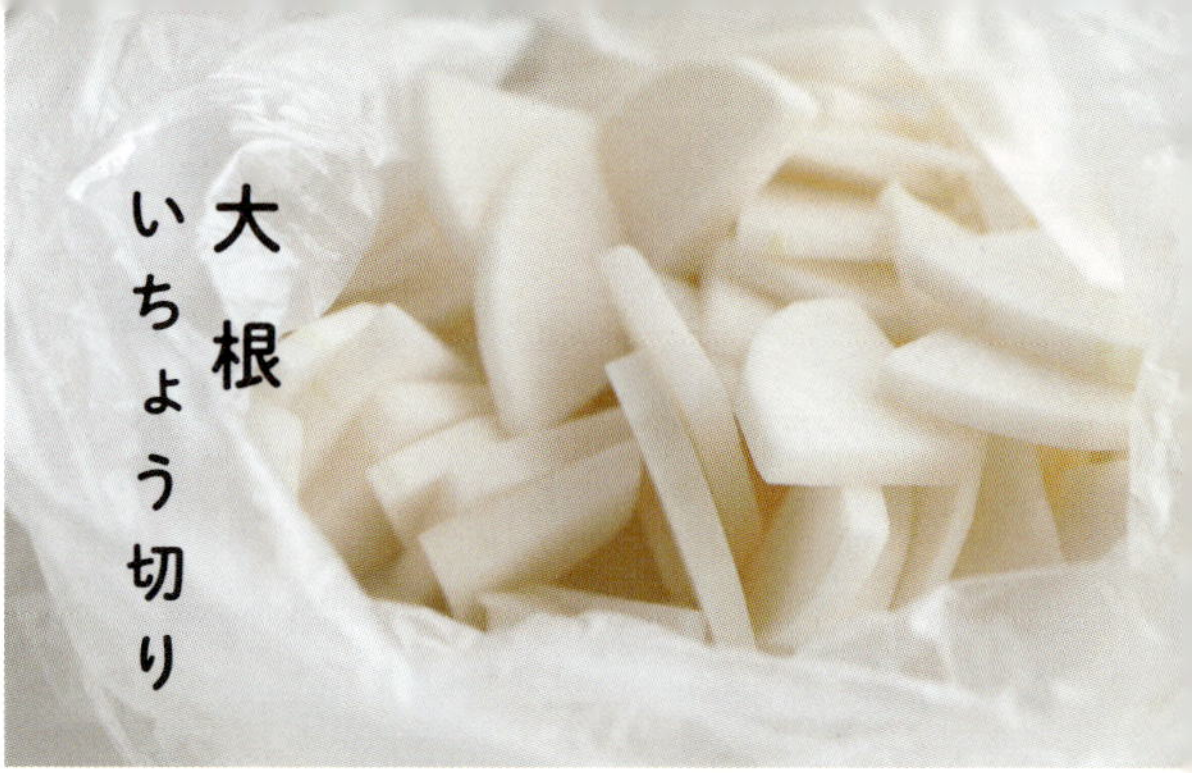

大根は半分にカットしたものを買うことが多いです。皮をむき、まとめていちょう切りにしておくと、スープやみそ汁の具にしたり、ちゃちゃっと副菜を作れるので、おすすめ。冷凍もできます。

15分

難易度

材料（２人分）

大根の切り置き（いちょう切り）……150g
豚ひき肉……100g
ミニトマト……４個
しょうが（せん切り）……ひとかけ
水……600㎖
酒……大さじ１
ナンプラー……大さじ１
しょうゆ……小さじ1
塩……小さじ¼
ごま油……適量
青ねぎ（小口切り）……適量

作り方

1 鍋にごま油を熱し、しょうがとひき肉を炒める。ひき肉の色が変わったら、大根を加えて2〜3分炒め合わせる。

2 水と酒を加え、沸騰したらアクを除く。ナンプラーとしょうゆを加え、大根がやわらかくなるまで弱めの中火で煮る。塩で味をととのえ、ミニトマトを加える。器に盛り、青ねぎをのせる。

ミニトマトは煮込まずに最後に入れて。

豚ひき肉とミニトマトのエスニックスープ

大根の梅和え

材料（２人分）

大根の切り置き（いちょう切り） …… 200g
梅干し …… １個
大葉（せん切り） …… １枚
塩 …… 小さじ½
ぽん酢 …… 大さじ１

作り方

1. ボウルに大根と塩を入れてもみ、5分ほどおく。しんなりしたら、水けを絞る。梅干しは種を除き、包丁で叩く。
2. 1の大根と梅干し、大葉、ぽん酢を合わせて、和える。

どっちも
おいしいよ〜

どっちが
好き？

大根とハムのマリネサラダ

20分

難易度

材料（２人分）

大根の切り置き（いちょう切り） …… 200g
ロースハム …… ３枚
塩 …… 小さじ½
粗びき黒こしょう …… 適量

A
- 酢 …… 大さじ２
- オリーブオイル …… 大さじ１
- 砂糖 …… 小さじ１
- 塩 …… ふたつまみ

作り方

1. ボウルに大根と塩を入れてもみ、5分ほどおく。しんなりしたら、水けを絞る。ハムは食べやすい大きさに手でちぎる。
2. 1の大根とハムを合わせ、Aを加えて軽くもむ。冷蔵庫に10分ほど置いて、味をなじませる。器に盛り、黒こしょうをふる。

玉ねぎ 薄切り＆くし形切り

玉ねぎは½個や¼個を使って、残りをラップで包んで保存するより、使うときに1個全部を薄切りに、あるいはくし形切りにしてしまい、ポリ袋に入れて保存するほうがラクです。

玉ねぎとツナのめんつゆ炒め

5分

難易度

材料（2人分）

玉ねぎの切り置き（くし形切り） …… ½個分
ツナ缶 …… 1缶
めんつゆ（2倍濃縮） …… 大さじ1
白炒りごま …… 適量
青ねぎの切り置き（小口切り） …… 適量

作り方

フライパンにツナ缶の油を入れて熱し、玉ねぎを炒める。しんなりしてきたらツナを加え、めんつゆで味つけする。皿に盛り、ごまと青ねぎをのせる。

ツナ缶の油で玉ねぎを炒めてコクと旨みを出します。

チーズトーストで 即席オニオングラタン風スープ

10分

難易度

材料（2人分）

玉ねぎの切り置き（薄切り）……ひとつかみ
ベーコン……2枚
バター……20g
水……600㎖
固形スープの素……1個
塩・こしょう……各少々

チーズトースト

食パン……1枚
スライスチーズ……適量
パセリ（みじん切り）……適量

作り方

1 玉ねぎは、耐熱ボウルに入れてふんわりとラップをかけ、600Wの電子レンジで5分加熱する。食パンにチーズをのせ、トーストする。

2 鍋にバターを溶かし、玉ねぎと1㎝幅に切ったベーコンを中火で炒める。水、スープの素を入れ、弱めの中火で5分ほど煮込み、塩・こしょうで味をととのえる。器に盛り、半分に切ってパセリを散らしたチーズトーストを添える。

黒こしょうをふってもおいしいね！

玉ねぎはレンチンして、炒める時間を短縮します

チーズトーストをくずしながら食べると、オニオングラタンスープの味！

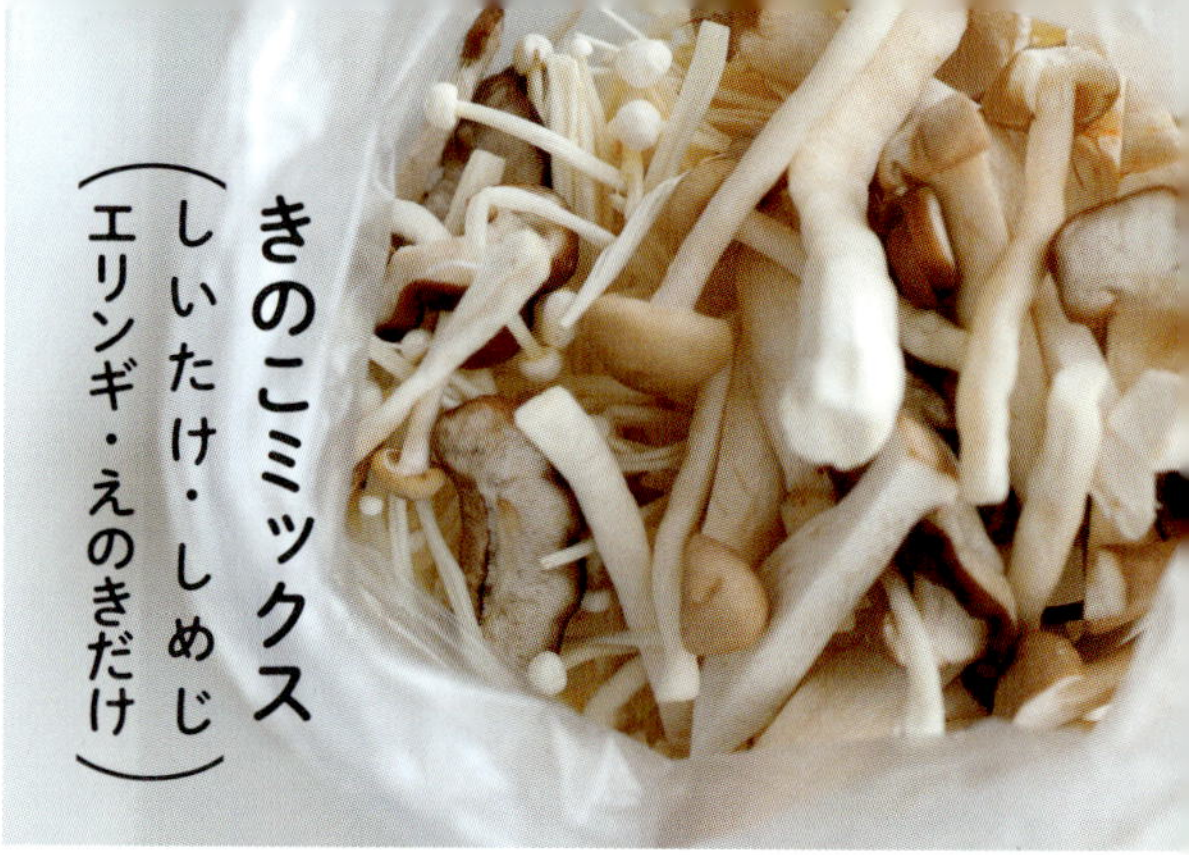

きのこミックス
（しいたけ・しめじ
エリンギ・えのきだけ）

しいたけは薄切りに、しめじはほぐします。エリンギは縦に切り、長いものは半分に切って。えのきだけは、根元を落とし、長さを半分に切って、ほぐします。すべてをポリ袋に入れ、均等になるように混ぜたら、きのこミックスのでき上がり。ひとつかみで60gほどです。

きのこたっぷり！コーンバターソテー

材料（2人分）

- きのこミックス……ふたつかみ
- コーン……大さじ2
- オリーブオイル……大さじ1
- バター……5g
- しょうゆ……大さじ1
- 和風だし……小さじ½
- パセリ（みじん切り）……適量

作り方

フライパンにオリーブオイルを熱し、きのこ、コーンを炒める。しんなりしてきたら、バター、しょうゆ、和風だしを入れて調味し、さっと炒め合わせる。器に盛り、パセリをのせる。

5分

難易度

コーンがないときは
きのこミックスだけの
ソテーでもいけます。

だし香る 鮭ときのこのホイル焼

20分

難易度

材料（2人分）

生鮭（切り身）……… 2切れ
きのこミックス ……………… ひとつかみ
長ねぎ（白い部分）…… 10㎝
レモン（輪切り）……… 2枚
塩・こしょう ……… 各少々
酒 ………………… 大さじ1
白だし …………… 大さじ1

作り方

1 長ねぎは斜め薄切りにする。
アルミホイルを20㎝ほどに切って広げ、中央に鮭1切れを置き、塩・こしょうをふる。

2 1の周りにきのこと長ねぎを半量ずつのせる。酒と白だしを半量ずつ回しかけ、レモン1枚をのせ、包む。これを2つ作る。

3 オーブントースターで7〜8分加熱する。

フライパンで蒸し焼きにしても

鮭ときのこは相性バツグン

油を使わないから
とてもヘルシー。
あつあつを召し上がれ。

洋風野菜ミックス（玉ねぎ・キャベツ・ピーマン・黄パプリカ）

玉ねぎはくし形切りに、キャベツはざく切りに、ピーマンとパプリカは1・5㎝角に切って、合わせておきます。1個を使い切れなかったピーマンやパプリカは、角切りにしてしまうと便利。玉ねぎやキャベツの残りと一緒にしておいて、スープの具に使っています。

材料（2人分）

洋風野菜ミックス……ふたつかみ
ウインナー……4本
じゃがいも……小2個
オリーブオイル……大さじ1
水……600㎖
固形スープの素……1個
塩・こしょう……各少々

作り方

じゃがいもは4等分に、ウインナーは斜めに切る。鍋にオリーブオイルを熱し、洋風野菜ミックスを炒める。水とスープの素、ウインナー、じゃがいもを入れて煮立て、じゃがいもに火が通ったら、塩・こしょうで調味する。

10分

難易度

ウインナー入り！彩り野菜のほっこりポトフ

じゃがいもとウインナーを切るだけだから、あっという間にポトフのでき上がり。

簡単！ごろっと鶏肉入りラタトゥイユ

パスタを添えてもいいね！

パンにのせてもおいしいよ

20分

難易度

材料（2人分）

鶏もも肉（唐揚げ用）‥250g
洋風野菜ミックス ……………… ふたつかみ
トマト缶（ホール）…… 1缶
にんにく（つぶす）…… 1片
固形スープの素 ……… 1個
砂糖 ……………… 小さじ2
オリーブオイル‥大さじ1
塩・こしょう ………… 適量

作り方

1 鶏肉は塩・こしょうをふって下味をつける。フライパンにオリーブオイル、にんにくを入れ、弱火でじっくりと炒める。にんにくの香りが立ったら、鶏肉を入れて中火で焼く。

2 鶏肉の色が変わってきたら、洋風野菜ミックスを加えて炒め合わせ、トマト缶、スープの素、砂糖を入れて10分ほど煮る。塩・こしょうで味をととのえる。

鶏肉は唐揚げ用のカットしているタイプを使うと、包丁いらずで調理できます。

中華野菜ミックス（キャベツ・にんじん・にら）

キャベツはざく切りに、にんじんは5cm長さの短冊切りに、にらは5cm長さにカット。炒め物が簡単にできるので、忙しくなりそうな日の前日に用意しておくと、翌日、とても助かります。ひとつかみで100gほどです。

材料（2人分）

中華野菜ミックス……ひとつかみ
鶏レバー……200g
にんにく（薄切り）……1片
ごま油……大さじ½

A

- 鶏がらスープの素……小さじ1
- オイスターソース……大さじ1½
- 紹興酒（または酒）……大さじ1
- しょうゆ……小さじ1

下準備（調理時間から除く）

・ボウルにレバーと塩少々（分量外）を加えてレバーをよくもみ、水で洗い流す。新しい水に取り換えながら何度か洗い、きれいな水に10分ほどつけておく（または、牛乳につけておく）。

15分

難易度

作り方

1 レバーは水けをよくふく。**A**は合わせておく。

2 フライパンにごま油とにんにくを熱し、香りが出たらレバーを焼く。色が変わってきたら、中華野菜ミックスを加えて強めの中火で炒め、しんなりしてきたら、**A**を加えて、炒め合わせる。

食べたくなるレバニラ炒め

一応、器に盛ったけど。フライパンのまま食卓でも気にしないよ

野菜がもりもり食べられる

豚バラとたっぷり野菜の中華蒸し

15分

難易度

材料（２人分）

中華野菜ミックス……ひとつかみ
もやし……100g
豚バラ薄切り肉……150g
酒……大さじ２
塩・こしょう……各少々
白炒りごま……少々
A
ぽん酢……大さじ２
ごま油……大さじ１

作り方

1 フライパンに中華野菜ミックスともやしを入れ、豚肉を広げてのせ、酒、塩・こしょうをふる。

2 ふたをして中火にかけ、7〜8分、豚肉に火が入るまで加熱する。

3 器に盛り、ごまをふる。食べる直前に**A**を合わせてかける。

包丁いらず。
フライパンで蒸すだけと、
超簡単な時短メニュー

火が通りにくい野菜は 時間があるときに「炒め置き」

平日は調理時間20分を目標にしているわが家では、野菜の種類を増やしたいけれど、火が通りにくい野菜はどうしても避けがちに。そのハードルを下げてくれるアイデアとして、ひらめいたのが「炒め置き」でした。中でも玉ねぎのみじん切りの「炒め置き」は、たびたびリピートしている優れものです。

「玉ねぎはじっくり炒めると甘みが増すことがわかっていても、平日はなかなかそこに時間をかけられません。でも、少しゆとりがあるときに炒め置きしておけば、夜遅い時間でもハンバーグやガパオラ

具だくさんの
豚汁だって
ぱぱっとでできちゃう！

時間のある時
チャチャっと。

炒め置きなら
任せて。

根菜ミックス＆玉ねぎ

根菜はれんこんとにんじん、ごぼうを乱切りにして軽く炒めて。玉ねぎはみじん切りにし、透明感が出るまで炒めます。炒め油は玉ねぎはオリーブオイルを、根菜はごま油を使用。冷めたら冷蔵、または冷凍保存を。

イスを作ろうかな、という気になるし、ぐっと味に深みが出るのもうれしいですよね」（Tatsuya）

そしてもう一つのおすすめは、れんこんやにんじん、ごぼうなどの根菜の「炒め置き」です。旬の時季はとくに少しずつ毎日味わいたいけれど、皮をむいて、アク抜きしたほうがいいものもあって……。さらに、芯まで火が通って味がしみ込むまでに時間がかかり、炒め置きを思いつくまでは、なかなか手を出せない食材でした。

「食感がある野菜が好きなので、根菜が主役の豚汁や筑前煮がときどき無性に食べたくなります。でも、歯応えと風味が感じられない市販の水煮は、使いたくなくて。やはり、それぞれの旨みがあってこその料理ですし、ホッとひと息つける家での食事では、なお

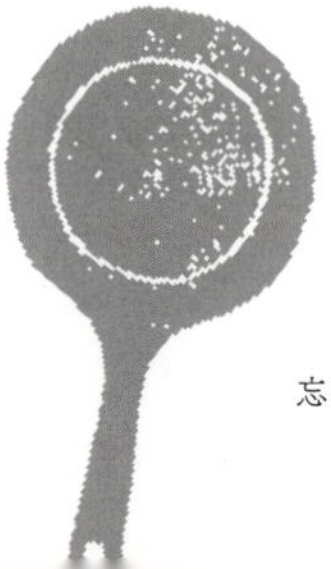

炒め置き用の
にんじん！
忘れないようにっと。

さらおいしいものをいただきたいので」（SHINO）
SHINOさんの根菜好きはメニュー開発にも表れていて、ガパオライスの具にれんこんを入れたレシピを考えたことも。ひと節の半分を粗くみじん切りしてひき肉と合わせ、薄切りした半分ものせてダブル食感でアクセントを。そんな風に和食以外にも使いたい根菜なので、ここでは炒め置きを生かし、煮込まず完成する具だくさんカレーを紹介しています。
「根菜は火が通りにくいうえに、切るとかさが増し、なかなか使い切れないことも避ける理由の一つ。だから、もっとラフに使えたらといいなと、試した炒め置きの活躍ぶりは、想像以上でした」（Tatsuya）
冷凍もOKなので、忙しいときのお助け食材としてストックしておくのが、おすすめです。

炒めるの
俺、得意、得意！

玉ねぎの炒め置きで

まるごとジューシー！ 大きいハンバーグ

1個ずつ成型しないで、スキレットなど小さめのフライパンに広げて、大きく焼くので、簡単な上に豪華に見える。

15分

難易度

材料（2人分）

- 合いびき肉……200g
- ブロッコリー……¼個
- サラダ油……小さじ1

A

- 玉ねぎの炒め置き……大さじ3
- 卵……1個
- パン粉……大さじ2
- 牛乳……大さじ1½
- 塩・こしょう……各少々
- ナツメグ……少々

トマトマスタードソース

- ケチャップ……大さじ2
- 粒マスタード……大さじ1
- ウスターソース……小さじ2

作り方

1 ポリ袋にひき肉を入れて白っぽくなるまでよくもみ、Aを合わせて、さらによくもむ。ブロッコリーは小房に分ける。

2 小さめのフライパンにサラダ油を熱し、1のひき肉を入れて平らにし、中火にかける。焼き色がついたら裏返して、端にブロッコリーをのせてふたをし、一緒に蒸し焼きにする。

3 火が通ったら、ソースの材料を合わせてかけ、温める。

ポリ袋で調理するから、手が汚れないし、洗い物も出ないね

焼き上がりの目安は、中心に竹串を刺して濁った肉汁が出てこなければOK！

そのまま食卓へ出して、取り分けて食べます

時間のあるときに、
玉ねぎのみじん切りを
炒め置きしておくと、
平日の調理がとてもラクに。
冷凍もできるので、
ぜひお試しください。

玉ねぎの炒め置きで

本格！ガパオライス

タイに旅行したときに市場のお母さんから習った作り方だよ

おいしい〜っ！ 負けた

15分

難易度

材料（2人分）

- ご飯……茶碗2杯分
- 鶏ひき肉……250g
- 玉ねぎの炒め置き……大さじ3
- 赤・黄パプリカ……各¼個
- ピーマン……1個
- しいたけ……2個
- にんにく……1片
- 赤唐辛子……1本
- バジル……5〜6枚
- 卵……2個
- 塩・こしょう……各少々
- サラダ油……適量

A
- ナンプラー……大さじ1
- オイスターソース……大さじ1
- スイートチリソース……小さじ1
- 塩・こしょう……各少々

作り方

1 ひき肉は塩・こしょうをふる。パプリカとピーマン、しいたけは角切りに、にんにくはみじん切りにする。赤唐辛子は種を除く。

2 フライパンに多めのサラダ油を熱し、卵を割り入れて揚げ焼きし、目玉焼きを作り取り出す。

3 **2**のフライパンの油をふき取り、サラダ油小さじ1、にんにくと赤唐辛子を入れて弱火で熱し、香りが立ったら、ひき肉、玉ねぎ、パプリカ、ピーマン、しいたけを入れて中火で炒め合わせる。肉の色が変わったらAを入れ、バジル（仕上げ用に2枚取り置く）を加えて、炒め合わせる。

4 皿にご飯と**3**を盛り、目玉焼きをのせる。好みでパクチーやバジル、レモンを添える。

スイートチリソースが
味の決め手。お好みでパクチーや
バジル、レモンなどを添えて。
半熟の卵をくずしながら、
いただきます。

玉ねぎの炒め置きで

お豆ころころドライカレー

15分

難易度

材料（2人分）

- ご飯……茶碗2杯分
- おろししょうが…小さじ1
- おろしにんにく…小さじ1
- オリーブオイル……適量
- レタス・レモン・パセリ（みじん切り）……各適量

A

- 豚ひき肉……200g
- ミックスビーンズ…1缶
- 玉ねぎの炒め置き……大さじ2
- カレー粉……大さじ2

B

- 固形スープの素……1個
- ケチャップ……大さじ1
- ウスターソース……大さじ1
- 水……150㎖

作り方

1. フライパンにオリーブオイル、しょうが、にんにくを入れて弱火にかけ、香りが立ったら、Aを加えて、中火で炒め合わせる。
2. Bを加え、水けがなくなってきたら、ご飯を加えて、よく炒める。
3. 器に盛り、レタスとレモンを添えて、パセリを散らす。

根菜の炒め置きで

煮込まない！根菜の豚カレー

材料（２人分）

ご飯……茶碗２杯分
根菜の炒め置き……200g
豚こま切れ肉……200g
酒……大さじ１
塩・こしょう……各少々
にんにく（みじん切り）…１片
しょうが（みじん切り）
……ひとかけ
和風だし……小さじ１
カレールー（市販）
……３～４皿分
水……600mℓ
サラダ油……適量

20分

難易度

作り方

1 豚肉は酒、塩・こしょうをふってもみ込み、下味をつける。

2 鍋にサラダ油、にんにく、しょうがを入れて弱火にかけ、香りが立ったら、豚肉を入れて中火で炒める。肉の色が変わったら根菜と水、和風だしを加える。

3 煮立ったら火を止めてカレールーを加えて溶かし、中火にかけて10分煮てとろみをつける。皿にご飯を盛り、カレーをかける。

時間がないときは、やっぱりカレーがいいね

根菜と和風だしの旨みが効いて、うまいね

根菜の炒め置きは火が通っているので、煮込む必要なし。具だくさん和風カレーがすぐできます。

根菜の炒め置きで

さっとできてうれしい筑前煮

15分

難易度

材料（２人分）

根菜の炒め置き……200g
鶏もも肉（唐揚げ用）…200g
下味
　酒……………大さじ1
　塩・こしょう……各少々
めんつゆ（２倍濃縮）
……………大さじ２
水……………200mℓ
サラダ油……………適量

作り方

1 鶏肉は酒、塩・こしょうをふってもみ込み、下味をつける。

2 フライパンにサラダ油を熱し、鶏肉の両面を焼く。こんがりと焼き色がついたら、根菜を加える。

3 水、めんつゆを加え、上下を返しながら、全体に味をなじませるように、炒め煮にする。

野菜を切る手間がないから、あっという間に筑前煮のでき上がり。

10分

難易度

材料（２人分）

根菜の炒め置き……150g
豚バラ薄切り肉……150g
だしパック……………１袋
水……………600mℓ
みそ……………大さじ２
ごま油……………小さじ１
青ねぎ（小口切り）……少々

作り方

鍋にごま油を熱し、ひと口大に切った豚バラ肉を炒め、根菜を加えてさっと炒め合わせる。水、だしパックを入れて煮出し、みそを溶かす。器に盛り、青ねぎを散らす。

ごま油と七味唐辛子をアクセントに

私は七味もごま油も、いらないよ〜

根菜のほっこり豚汁

「漬け置き」は時短になるうえ味もしみ込み、一石二鳥！

「朝パパッと仕込んで、夜は焼くだけ。仕込みにそれほど時間がかからないですし、冷蔵庫に入れておくと帰る頃には味がしみていて。心のよりどころというと大げさかもしれないけれど、ふたりとも繁忙期が重なって買い物がままならないときは、家に『漬け置き』があると思うと安心できます」（SHINO）「漬け置き」は、肉や魚と調味料を合わせポリ袋に入れておくだけの料理法です。驚くほど簡単だからこそ、平日のお助けメンバーに。肉は唐揚げ用や焼肉用としてカット済みのものを、魚も刺し身を使え

残業でも心強い！
「タンドリー漬けあったよね？」

「焼くだけだよね〜。
サラダ用の
トマトとかいろいろ
買ってくるね」

マグロは
さっと漬ける
だけで OK!

ば、切る手間が省けます。さらに、ポリ袋に材料を入れてもみ込めば下準備完了。手も汚れません。

「牛肉と豚肉は、調味料によっては長く漬けるとかたくなるので、漬け置くのは1～2日が目安。朝仕込んでその日の夜か、前日の夜仕込んで翌日の夜に使います。タンドリーチキンは、ビールが呑みたい日にうれしい漬け置き。SHINOさんの朝のヨーグルトを少しもらいます」（Tatsuya）

肉の場合、特売で多めに買った日は味つけを変えて漬けたり、塩麹やキムチを和えて冷凍したり。冷凍したら、食べる日の朝冷蔵庫へ移すか、帰宅してから袋ごと流水につけて解凍します。

魚でよくやるまぐろの漬けは、刺し身をたれに10分漬け込むだけの超お手軽レシピ。これも帰宅してす

調味料を混ぜて
漬けて置くだけ！
とってもカンタン。

ぐ仕込めば、副菜を作っている間にでき上がります。

「ときどき、今日は唐揚げが食べたいと思って鶏肉を買って帰ったのに、冷蔵庫を開けたら〝あ、これが残ってたんだ……〟なんてこともあります。そんな日にも漬け置きは便利で、肉をとりあえず塩麹で漬けて翌日の主菜にスイッチ。漬け置きという引き出しが一つあると、〝しまった〟より〝じゃあ、漬けておこう！〟と思えるから気持ちもラクです」（SHINO）

メニューはどれも、保存袋から取り出してフライパンで焼くだけ、とスピーディー。平日忙しくて、おいしいおうちごはんが恋しい人こそ、「漬け置き」に助けられるはずです。

ハフハフ、パクパク…
「漬け置き」で
晩ごはんも充実！

1品で満足！
温玉のせ牛丼

漬け置き牛丼

家で食べる牛丼もサイコーだね！

レンチン温玉ぜひ試してみて

10分 *漬け置く時間は除く

難易度

材料（2人分）

ご飯……茶碗2杯分
牛こま切れ肉……250g
玉ねぎ（薄切り）……1個
温玉（左記参照）……2個
だし汁……300mℓ
紅しょうが……適量

A

しょうゆ・みりん……各大さじ2
砂糖……大さじ½
おろししょうが……小さじ½

下準備

・ポリ袋に牛肉、玉ねぎ、Aを入れてもみ込み、冷蔵庫で保存する。冷蔵2日を目安に。

作り方

1 鍋にだし汁を入れて中火にかける。沸騰したら、漬け置きした牛肉と玉ねぎを調味料ごと入れ、アクを除いて、さっと煮る。

2 器にご飯を盛り、1をのせる。紅しょうがを添えて、温玉をのせる。

レンチン温玉の作り方

どんぶりにも、麺にもサラダにも！電子レンジで、すぐできる！

マグカップに卵を割り入れ、かぶるくらいの水を加える。卵黄は爪楊枝で数ヵ所刺しておく。

ふんわりラップをかけて600Wの電子レンジで30秒加熱し、10秒ずつ、様子を見ながら加熱を繰り返す。

白身に火が通ったら、卵を取り出し、湯を捨てる。

肉はかたくならない程度に
さっと煮て。
ちょっと不格好な温玉だけど、
のせるとうれしいんだよね。

ビールがうまい!
タンドリーチキン

10分
*漬け置く時間は除く

難易度

材料（２人分）

鶏もも肉（唐揚げ用）……300g
サラダ油……適量
A
- プレーンヨーグルト……大さじ3
- ケチャップ……大さじ2
- おろしにんにく……1片分
- おろししょうが……ひとかけ分
- カレー粉……小さじ2
- 砂糖……小さじ1
- 塩……小さじ⅓
- こしょう……少々

下準備

・ポリ袋に鶏肉、Aを入れてもみ込み、冷蔵庫で保存する。冷蔵2日を目安に。

作り方

1 フライパンにサラダ油を弱めの中火で熱し、漬け置きした鶏肉を調味料ごと入れ、皮目を下にして焼く。

2 焼き色がついたら裏返し、ふたをして弱火で3〜4分ほど焼いて火を通す。

3 器に盛り、好みの野菜を添える。

添える野菜は、トマトのくし形切り、レモンスライスなどがおすすめ。

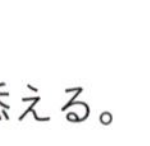

食欲がわくカレー味!ビールがすすんでしまいます

ヨーグルトでお肉がやわらか

塩麹でしっとり やわらか厚切り ポークソテー

かたくなりがちな
厚切りの豚肉が
びっくりするほど
やわらかに。

漬け置き ポークソテー

パサつきがちの厚切り肉が、中までやわらか！

塩麹に漬け込んだ肉は、焦げつきやすいので注意して

10分 ＊漬け置く時間は除く

難易度

材料（２人分）

豚ロース厚切り肉……２枚（300g）
液体塩麹……大さじ２
サラダ油……大さじ１
A
｜ケチャップ……大さじ２
｜ウスターソース……大さじ２
｜おろしにんにく……小さじ¼

下準備

・豚肉は筋切りをし、ポリ袋に液体塩麹とともに入れてもみ込み、冷蔵庫で保存する。冷蔵2日を目安に。

作り方

1 フライパンにサラダ油を熱し、弱めの中火で漬け置きした豚肉を焼く。

2 焼き色がついたら裏返し、両面にこんがりと焼き色がついたら、脂をふき取り、Aを入れてからめる。

3 皿に盛り、つけ合わせのじゃがバタパセリを添える。

つけ合わせ レンジで作る！ じゃがバタパセリ

材料（２人分）

じゃがいも……２個
バター……５g
塩・こしょう……各少々
パセリ（みじん切り）……少々

作り方

じゃがいもは皮をむいてひと口大に切る。水にさっとくぐらせ、耐熱ボウルに入れ、ふんわりとラップをして、600Wの電子レンジで3〜4分加熱する。バター、塩・こしょう、パセリを加えてさっと混ぜ、味をなじませる。

素材の旨みを引き出し、酵素の力でやわらかくする粒状の塩麹を、独自の製法で液体にしたもの。液体にすることで、肉や魚の下味から、煮物や炒め物まで幅広く使える。食材重量の10％を目安に使う。写真はハナマルキの「液体塩こうじ」。

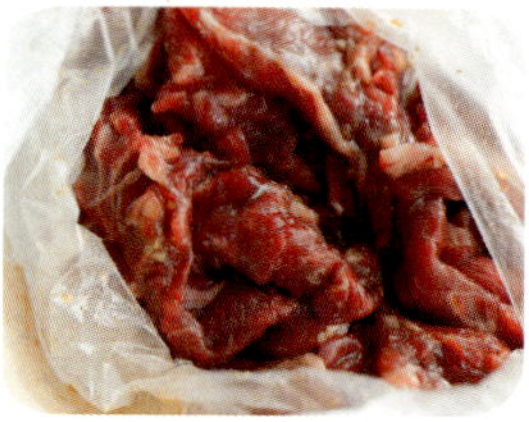

漬け置きプルコギ

ご飯がすすむ 簡単! プルコギ

10分 *漬け置く時間は除く

難易度

しっかり味だから
ご飯もビールも
すすんじゃいます。

材料(2人分)

牛こま切れ肉……………… 300g
にんじん…………………… ¼本
にら………………………… 2～3本
長ねぎ……………………… ½本
ごま油……………………… 適量
白炒りごま………………… 適量

A
しょうゆ…………… 大さじ1½
砂糖………………… 大さじ1
おろしにんにく…… 小さじ½

下準備

・にんじんは短冊切りに、にらは3～4cm長さに切る。
・ポリ袋に牛肉とにんじん、にら、Aを入れてもみ込み、冷蔵庫で保存する。冷蔵2日を目安に。

作り方

1 長ねぎは斜め切りにする。

2 フライパンにごま油を熱し、漬け置きした牛肉と野菜を調味料ごと入れて炒める。肉の色が変わったら、1の長ねぎを加えて炒め合わせる。

3 皿に盛り、ごまをふる。

牛肉は
こま切れ肉でも十分

ごま油が
いい仕事してるね!

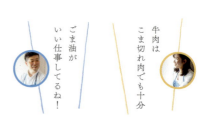

焼くだけ！照り焼きチキン丼

漬け置きチキン丼

10分 *漬け置く時間は除く

難易度

どんぶりより平皿のほうがご飯少なめでも満足できます。

材料（2人分）

ご飯……茶碗2杯分
鶏もも肉（唐揚げ用）……400g
サラダ油……適量
刻みのり・レタス……各適量

A

しょうゆ・酒・みりん……各大さじ2
砂糖……大さじ1
おろしにんにく・おろししょうが……各小さじ1/3

下準備

・ポリ袋に鶏肉とAを入れ、冷蔵庫で保存する。冷蔵2日を目安に。

作り方

1 フライパンにサラダ油を熱し、鶏肉を調味料ごと入れて両面を焼き、照りが出るまで煮詰める。

2 皿にご飯を盛り、のりを散らす。1をのせ、レタスを添える。

買ってきたお刺し身でもいいよね？

とろろと一緒に、どんぶりにする？

即席！山かけまぐろ漬け丼

漬け置き漬け丼

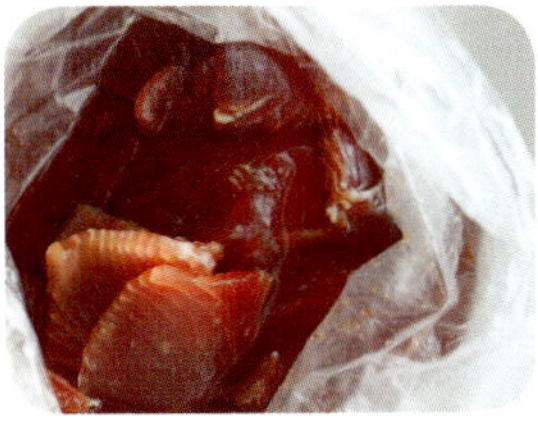

10分 ＊漬け置く時間は除く

難易度

材料（２人分）

ご飯……茶碗２杯分
まぐろ刺し身……200g
長いも……10cm
すし酢……小さじ１
刻みのり・わさび……各適量
しょうゆ……適量
A
しょうゆ・酒・みりん……各大さじ２

下準備

・Aは耐熱ボウルに入れ、ラップをせずに600Wの電子レンジで1分加熱し、粗熱を取る（時間があれば冷やす）。
・ポリ袋にまぐろとAを入れ、冷蔵庫で10分漬け置く。保存は不可。

作り方

1 ご飯はすし酢を混ぜておく。

2 長いもは皮をむき、ポリ袋に入れて麺棒などでたたき、とろろにする。

3 器に1の酢飯を盛り、漬け置いたまぐろ、とろろ、のりをのせ、わさびを添える。好みでしょうゆをかける。

アレンジ自在で万能！
「肉みそ」作り置き

一つ足せば味が決まり、満足感も十分。そんな肉みそを作り始めたきっかけは、本格中華料理レシピが載る実用書との出合いでした。

「もともと中華料理が好きで、ちゃんと勉強したくなって専門書を探し出した頃。さまざまな肉みその作り方と、それを使ったアレンジ料理を紹介している一冊を見つけたんです。便利だな、と思うと同時に、醤の種類や入れるタイミングなども知り、読めば読むほどその奥深さに引き込まれました」（Ｔａｔｓｕｙａ）

でも、本のレシピ通りに何度か作るうちに、自分

さぁてと。
始めるぞ！
「肉みそ」はTatsuya担当。

「肉みそが冷蔵庫にあると、チャーハン、焼きそばなどの具にもできて、忙しいときに大助かり！」

たちの料理にはなじみにくいと感じました。
「ふだんの食卓に断然多い和食にもアレンジしたかったのですが、台湾肉みそに近い味では、どう合わせても中華テイストに。だから、徐々に親しみがある調味料をプラスマイナスして試作を重ね、和風味に寄せていきました」（Tatsuya）
オイスターソースやしょうゆ、しょうがなどを混ぜた進化形はSHINOさんも太鼓判を押す、しっかりと

長ねぎは
わが家の冷蔵庫に
欠かせません。
肉みそにもね！

肉みそ

10分

難易度

材料（作りやすい分量）

豚ひき肉	400g
長ねぎ（白い部分）	½本
にんにく	1片
しょうが	ひとかけ
ごま油	小さじ1
豆板醤	小さじ½
A	
みそ	大さじ3
しょうゆ	大さじ2
酒（あれば紹興酒）	大さじ2
オイスターソース	大さじ1
砂糖	大さじ1

作り方

1 長ねぎ、にんにく、しょうがはみじん切りにする。Aは合わせて溶いておく。

2 フライパンにごま油、にんにく、しょうがを入れて弱火にかけ、香りが立ったら、豆板醤とねぎを加え、ねぎがしんなりするまで炒める。

3 ひき肉を加えてほぐしながら炒め、ひき肉の色が変わったら、Aを加え、水分がなくなるまで炒め合わせる。

しながらも飽きのこない味わいで汎用性も抜群です。

「ここでは、わが家の定番になりつつあるビビンバと麻婆豆腐を紹介しましたが、カレー、混ぜごはん、サラダ、なんにでもアレンジが利きます。保存容器にたまった油を、炒め油として使う和風パスタもおいしいですよ」（SHINO）

作るのは、少し時間に余裕がある日の夜。材料として使うので２～３食分保存しておくことを前提に、一気に調理。豚ひき肉が特売だったりすると６００ｇほど買って２００ｇをその日の晩ごはんに使い、残りは肉みそに変身させます。柔軟な発想から生まれたこだわりの肉みそは、使うほうも自由にイメージを膨らませて。いつものメニューの風味とリッチ感アップにぜひ。

スピード副菜
作りにも
とっても重宝！

フライパンおこげがおいしい 3色ナムルのビビンバ

15分

難易度

材料（２人分）

温かいご飯……茶碗２杯分
肉みそ作り置き……適量
赤パプリカ……½個
ほうれん草……２～３株
えのきだけ……½袋
卵黄……２個
ごま油……大さじ1
おろしにんにく……小さじ⅓
白炒りごま……適量
コチュジャン（好みで）……適量

A
- ごま油……小さじ２
- 鶏がらスープの素……小さじ１
- おろしにんにく……小さじ¼
- 塩・こしょう……各少々

フライパンごと
食卓へ出して、
豪華に！ 混ぜて、
取り分けて、
いただきます。

余った白身はスープや
みそ汁に入れるといいよ

おこげが香ばしくて、
おいしいね！

作り方

1 ほうれん草とえのきだけは、3～4㎝長さに切る。耐熱ボウルに入れ、ふんわりとラップをかけて、600Wの電子レンジで2～3分加熱し、粗熱を取って、水けを軽く絞る。

2 パプリカは薄切りにし、**1**のボウルに加え、Aを加えてよく和え、ナムルを作る。

3 フライパンにごま油を熱し、にんにくを炒める。ご飯を入れて炒め合わせ、木べらで押しつけて平らにならし、焦げ目ができるまで焼き、火を止める。

4 **3**の上に肉みそ、**2**のナムルを広げてのせ、中央に卵黄を落とし、ごまをふる。全体を混ぜ合わせ、器に盛る。お好みでコチュジャンをつけても。

15分

難易度

麻婆豆腐に
季節の野菜を
入れて彩りも
栄養もアップ。

材料（2人分）

肉みそ作り置き……200g
木綿豆腐……1丁（300g）
オクラ……5～6本
長ねぎ（白い部分）……10cm
にんにく……1片
しょうが……ひとかけ
豆板醤……大さじ1
ごま油……大さじ1
水溶き片栗粉
　…片栗粉小さじ1＋水大さじ1

A
　鶏がらスープの素…小さじ1
　水……200mℓ
　しょうゆ……大さじ1
　酢……小さじ1

作り方

1　豆腐は大きめに切り、耐熱容器に入れ、ふんわりとラップをかけ、600Wの電子レンジで1分半加熱し、水けをきる。

2　長ねぎ、にんにく、しょうがはみじん切りにする。オクラは軸を落としてへたの周りをむき、塩（分量外）をふり、板ずりをして、斜めに切る。

3　フライパンにごま油を熱し、長ねぎ、にんにく、しょうが、豆板醤を炒める。香りが立ってきたら、肉みそ、豆腐、Aを加えて煮込む。豆腐に味がしみてきたら、オクラを加えて軽く煮る。水溶き片栗粉を混ぜながら加え、とろみをつける。

肉みそがあれば、
本格麻婆豆腐が
あっという間

お好みで、食べるときに
ラー油、花椒をふっても

お気に入りの
オクラ入り
麻婆豆腐

おすすめ！
薬味の長持ち保存法

少量で料理が引き立つ薬味は、種類別の方法で冷蔵保存。期間は約1週間が目安です。

青ねぎ

保存容器の中にペーパータオルを敷く。刻んだねぎを入れ、ペーパーをかぶせてふたをしたら冷蔵庫へ。

しょうが

保存容器にしょうがと赤唐辛子1～2本を入れる。しっかり浸るくらいに水を張り、ふたをして冷蔵庫へ。

大葉

ペーパータオルの上に重ならないように並べてペーパーではさみ、ポリ袋に入れたら口を結んで冷蔵庫へ。

PART 3

5分でできる！超特急副菜

缶詰のストックがあれば「あと一品」に大活躍

缶詰レシピはまかせて!

時間を効率よく使いたいときに、あると心強いのが缶詰です。利用回数のトップを独走するのがツナ缶、次いでストック率の上位を占めるさば缶や豆缶、コーン缶、トマト缶。ことあるごとにまとめ買いして、ストックを欠かさないようにしています。

「ツナといえば、昔はおにぎりの具というイメージでしたが、料理に取り入れてみると、使い勝手のよさは便利グッズ並み。あと一品欲しいとき、厚揚げや豆腐にしょうゆをかけるだけ、トマトをドレッシングで和えるだけ、というのはやっぱり味気なくて。

さば缶ストック
あったよね?

だから、ツナやさば缶を開けてトッピング。仕上げに、冷蔵庫に入っている大葉や、切り置きの青ねぎを散らせば、たった5分で味も見た目もボリュームアップしたひと皿のでき上がりです」（SHINO）

ツナ缶は、たけのこやゴーヤといった季節野菜にも合わせやすく、ご飯や麺とも相性がいいから、組み合わせに悩みません。そして、タンパク質が手軽にとれること、ツナに塩味がついているので味つけは微調整で済むところも、つい頼りたくなるポイントです。

「ツナのオイル漬けは、油をきりすぎないほうがおいしさを活かせるのと、せっかく旨みが出ている油がもったいないなと思って、調理に活かすこともあります。炒飯とか焼きそばに入れるときは、漬け油でにんにくや玉ねぎを炒めると、ツナと合わさってもギトギトにならなくて、コクも出るんです」（Ｔａｔｓｕｙａ）

使い方は中身が変わっても、市販の惣菜と同じように具材の一つ。豆やコーンはサラダや和えものの食感と彩りプラスに、トマト缶はパスタソースやラタトゥイユ作りの時短に効果的です。

「主食、主菜、副菜にやりくりが利いて、缶詰が家にあると〝助かる〜！〟のひと言につきます」（ＳＨＩＮＯ）

ふだんから缶詰を使っている方もそうでない方も、「なにはなくとも」の安心材料に、ぜひストックしてみてはいかがでしょう。ＳＨＩＮＯのイチ押しです。

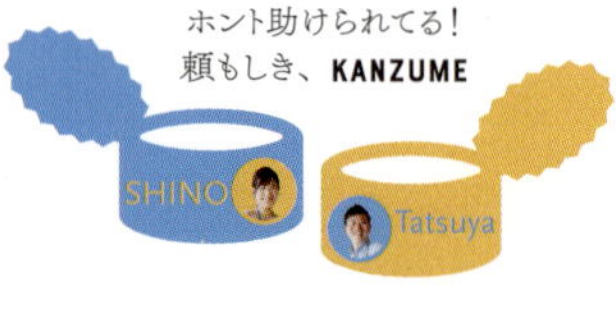

ツナ缶で

焼いたみそが香ばしい ツナみそひと口田楽

「ツナでうれしい
1品おかず!
彩りに青ねぎの
小口切りをのせて。」

5分

難易度

ツナの旨みが
おいしいね
SHINO

お酒呑みたく
なっちゃうね!
Tatsuya

材料（2人分）

- ツナ缶……1缶
- 厚揚げ……1枚
- スライスチーズ（とろけるタイプ）……2枚
- 青ねぎ（小口切り）……適量
- A
  - みそ……大さじ2
  - 砂糖……大さじ1
  - 酒……大さじ½
  - しょうゆ……小さじ1

作り方

1. ツナはさっと油をきって、Aと和える。
2. 厚揚げはひと口大に切り、チーズ、1をのせ、オーブントースターで軽く焦げ目がつくまで焼く。
3. 器に盛り、青ねぎをのせる。

さば水煮缶で

香味野菜たっぷり さばぽんやっこ

「さば缶に薬味をたっぷりで、さっぱりと。豆腐は3個で1セットの個包装タイプを使っています。」

5分

難易度

さば缶っておいしいね！

Tatsuya

たっぷりの香味野菜でさっぱりと

SHINO

材料（2人分）

さば水煮缶	1缶
絹ごし豆腐	2パック
大葉	5枚
みょうが	2個
しょうが	ひとかけ
青ねぎ（小口切り）	3本分
ぽん酢	適量

作り方

1 大葉、みょうが、しょうがはせん切りにする。

2 さば缶は汁けをきってボウルに入れてほぐし、**1**のみょうがとしょうがを合わせてさっくり混ぜたあと、大葉を加えて軽く混ぜ合わせる。

3 器に豆腐、**2**をのせ、青ねぎを散らす。食べるときにぽん酢をかける。

ツナ缶で

めんつゆが決め手！
トマトツナ和え

「ツナ缶と
めんつゆで簡単！
トマトを切るだけで
一品に。」

冷やしトマトが
ボリュームアップ
Tatsuya

オイル漬けの
ツナ缶がおすすめ
SHINO

5分

難易度

材料（2人分）

トマト……2個
ツナ缶……1缶
白炒りごま……適量
A
　めんつゆ（2倍濃縮）……大さじ1
　ごま油……小さじ1
　塩・こしょう……各少々

作り方

1 トマトはくし形に切る。

2 大きめのボウルに軽く油をきったツナ、**A**を入れて混ぜ合わせ、トマトを加えて和える。

3 器に盛り、ごまをふる。

ごま油大好き。仕上げの
ひと回しでおいしくなる

ごま油担当！

ふたりとも、友人が認めるほどの無類のごま油好き。
「Tatsuyaさんはなんにでもかけたがって、食卓がごま油味に染まっちゃうんです」（SHINO）

「きっかけはよくわからないんですが、中華料理が好きで炒めものが好きだからかな……。味見しながら作ったのになんとなく物足りないな、と感じたときは即ごま油の登場。サッとひと回しかければ、香りとコクのダブル効果で、味がぐっと締まる。シンプルに、おいしくなります」（Tatsuya）

いつからともなくごま油好きな自分に気づいてか

僕のそばには、
いつでもごま油が
待機！

ら、代表的なメーカーの、焙煎や圧搾法、濃度と風味などが異なる各種をひと通り試しました。結果、香りと舌触りが自身の好みに一番合った〝マルホン胡麻油〟の4種類を常備していますが、他のメーカーの商品もそれぞれに特徴があるので、そのつど吟味してセレクトし、活用しています。食材や調理法によって、どれとは決めつけずにフィーリングで使い分け。炒めもののほか、サラダに和えもの、汁もの、鍋まで大活躍。料理のジャンルを問わず使うようになりました。

「食べるラー油も手作りするんですが、にんにくの香りをじっくり引き出したいので弱火で炒めます。ふつうに炒め油にするときは最初はコク出しに、炒める油の量を若干減らして、仕上げにひと回しかける。単純に香りが好きというだけのような気がしますが（笑）。ごまの香りがグッと立つので、この最後のひと回しはやめられません」（Tatsuya）

「私はどちらかというと、粒好き。実はTatsuyaさんのごま油みたいに、よく仕上げに白炒りごまをパラパラとかけます。でも、Tatsuyaさんがごま油をひと回しして倍増するおいしさも日々実感しています。なにげない料理を、一瞬でワンランクアップさせるというか、ちょっと香りづけ、ちょっと風味増ししたいときに頼れる調味料だと思っています」（SHINO）

手間も時間もかけることなく、美味が生み出せる「仕上げのひと回し」。Tatsuyaのイチ押しです。

右から焙煎せずに搾った
香りのない太白胡麻油、
やさしく香る浅煎りタイプの太香胡麻油、
しっかり香るオーソドックスな
圧搾純正胡麻油、
力強く香る深煎りタイプの
圧搾純正胡麻油 濃口。
マルホン胡麻油／竹本油脂

ざく切り白菜とのりのチョレギサラダ

「キャベツやレタスでも応用できます。」

5分

難易度

白菜の甘みがおいしい！
SHINO

白菜は冷やしておくといいよ
Tatsuya

材料（2人分）

白菜……………………3〜4枚
白髪ねぎ（P85参照）…½本分
焼きのり………………適量
白炒りごま……………適量

A
- おろしにんにく………適量
- ごま油…………………小さじ2
- しょうゆ………………小さじ2
- 塩・こしょう…………各少々

作り方

1 白菜は芯の部分は薄切りに、葉はざく切りにする。

2 ボウルにAを入れて混ぜ、白菜と白髪ねぎ、ちぎったのりを加えてさっと和え、ごまをふる。

やみつき！たこきゅうキムチ

5分

難易度

材料（2人分）

ゆでだこ……100g
きゅうり……1本
A
　白菜キムチ……100g
　ごま油……小さじ½
　めんつゆ（2倍濃縮）……小さじ1

作り方

1 たこはぶつ切りにする。きゅうりは薄切りにする。

2 ボウルにたこ、きゅうり、Aを入れて和える。

香る枝豆七味がけ

「生の枝豆をゆでて使う場合は、かためにゆでて。」

5分

難易度

材料（2人分）

枝豆（冷凍）……200g
ごま油……大さじ1
塩……少々
七味唐辛子……適量

作り方

枝豆は袋の表示通り、解凍する。水けをきってボウルに入れ、ごま油と塩でさっと和える。器に盛って、七味をふる。

ピーマンのめんつゆ炒め

にんにくとごま油でスタミナ味に。

ぐっち夫婦版無限ピーマン

Tatsuya

めんつゆでカンタン！

SHINO

5分

難易度

材料（2人分）

- ピーマン……2〜3個
- にんにく……1片
- ごま油……小さじ1
- めんつゆ（2倍濃縮）……小さじ2
- 白炒りごま……少々

作り方

1. ピーマンはへたと種を除き、縦薄切りにする。にんにくはつぶす。
2. フライパンにごま油とにんにくを入れ、弱火で香りが立つまで炒める。
3. ピーマンを加えて炒め、しんなりしてきたら、めんつゆを回し入れ、さっと炒める。器に盛り、ごまをふる。

和風トマパッチョ

5分

難易度

材料（2人分）

トマト……2個
玉ねぎ……¼個
大葉……2枚

A
オリーブオイル……大さじ2
レモン汁、しょうゆ……各小さじ2
塩・こしょう……各少々

作り方

1 玉ねぎはみじん切りにして、水にさらす。トマトは横にスライスする。**A**は合わせておく。

2 器にトマトを並べ、玉ねぎの水けをきってのせ、大葉は手でちぎって散らす。食べる直前に**A**をかける。

さっぱりもずくトマト

5分

難易度

材料（2人分）

トマト……1個
もずく（三杯酢）……2パック
しょうが……ひとかけ
白炒りごま……適量

作り方

1 トマトは乱切りに、しょうがはせん切りにする。

2 器にもずくをたれごと入れ、トマト、しょうがをのせ、ごまをふる。

きゅうりとかにかまのゆずこしょうマヨ

5分

難易度

材料（2人分）

きゅうり	1本
かにかま	4本
マヨネーズ	大さじ1
ゆずこしょう	小さじ¼

作り方

1 きゅうりは縦半分にしてから斜め切りにする。かにかまは裂く。

2 ボウルにマヨネーズ、ゆずこしょうを入れて混ぜ、1を加えてさっと和える。

たたききゅうりとしらすのわさびぽん酢和え

5分

難易度

材料（2人分）

きゅうり	1本
しらす	大さじ2
ぽん酢	大さじ1
わさび	適量

作り方

1 きゅうりは、ポリ袋に入れ、麺棒などでたたき、手でひと口大に割る。

2 ボウルにぽん酢、わさびを入れて溶く。きゅうり、しらすを加えてさっと和える。

なすの照り焼き 黄身添え

大きいなすや
長なすの場合は
油を大さじ3に
増やしてください。
お好みで
七味唐辛子をふっても。

5分

難易度

なすがごちそうに！
Tatsuya

卵黄をからめてどうぞ
SHINO

材料（2人分）

なす	2本
大葉（せん切り）	4～5枚
卵黄	1個分
サラダ油	大さじ2
A	
しょうゆ・酒	各大さじ1
みりん・砂糖	各大さじ½

作り方

1 なすは縦半分に切り、皮目に格子状に切り込みを入れ、長さを2等分する。**A**は合わせておく。

2 フライパンにサラダ油を熱し、なすを皮目から入れ、弱めの中火で両面を焼く。

3 余分な油をペーパータオルでふきとり、**A**を回し入れ、煮からめる。皿に盛り、卵黄を添え、大葉をのせる。

レンジで簡単！なすのエスニックだれ

なすは
レンチンでOK。
やけどに注意。

5分

難易度

ぽん酢と
ナンプラーは
意外と合うよ

Tatsuya

みじん切りの
しょうがが
アクセント！

SHINO

材料（2人分）

なす……2本
パクチー……適量
A
ぽん酢……大さじ1
ナンプラー……大さじ½
ごま油……小さじ2
しょうが（みじん切り）……小さじ1

作り方

1 ボウルにAを混ぜ合わせる。

2 なすは1本ずつラップに包み、600Wの電子レンジで3分ほど加熱する。やけどに注意して、縦に裂き、1のボウルに入れ、和える。

3 器に盛り、刻んだパクチーを添える。

レタスのペペロンチーノ風

レタス½個を
ペロリと食べられる
温サラダ。

5分

難易度

いくらでも
食べられるね！

SHINO

シャキシャキ
だね～

Tatsuya

材料（2人分）

レタス	½個
にんにく	1片
赤唐辛子（種を除く）	1本
ごま油	小さじ2
A	
オイスターソース	小さじ1
鶏がらスープの素	小さじ½
塩・こしょう	各少々

作り方

1 レタスは大きめにちぎる。にんにくは薄切りにする。**A**は合わせておく。

2 フライパンにごま油、にんにく、赤唐辛子を入れ、弱火にかける。香りが立ったら、レタスを入れて強火にし、レタスがしんなりしたら、**A**を加え、さっと炒め合わせる。

レタスとぱりっとワンタンの皮の肉みそそぼろ

肉みそに味がついているので、
ドレッシングをかけずに、
そのまま食べてもOK！
ワンタンや餃子の皮が
余ったときによく作ります。

5分

難易度

よく混ぜて
召し上がれ！

SHINO

ワンタンの皮を
焦がさないでね

Tatsuya

材料（2人分）

レタス……¼個
肉みそ作り置き（P124参照）……100g
ワンタンの皮……5～6枚
A
- 酢……大さじ2
- しょうゆ・砂糖……各大さじ1
- ごま油……小さじ2
- 白炒りごま……少々

作り方

1 レタスは食べやすい大きさに手でちぎる。ワンタンの皮はオーブントースターでこんがりと焼く。

2 器にレタスを敷き、肉みそをのせ、ワンタンの皮を砕いてのせる。Aを合わせてかける。

ピリ辛！ざくざくやっこ

5分

難易度

材料（2人分）

絹ごし豆腐……1丁（300g）
青ねぎ（小口切り）……適量
A
- ごま油……大さじ2
- アーモンドスライス（砕く）……5枚
- ガーリックチップ（市販品）……大さじ1
- フライドオニオン（市販品）……大さじ1
- 豆板醤……少々
- 塩・こしょう……各少々

作り方

豆腐を器に盛る。Aをよく混ぜ合わせ、豆腐にのせ青ねぎを飾る。

豆腐とキャベツのチャンプルー

5分

難易度

材料（2人分）

木綿豆腐……1丁（300g）
キャベツ（ざく切り）……¼個分（100g）
卵……2個
塩……ひとつまみ
めんつゆ（2倍濃縮）……大さじ1
削りかつお……ひとつかみ
ごま油……小さじ2

作り方

1 豆腐は水きり（P151参照）し、1cm幅に切る。卵は塩を加えて溶いておく。

2 フライパンにごま油を熱し、豆腐を並べ入れて焼く。両面にこんがりと焼き色がついたら取り出す。

3 2のフライパンにキャベツを入れて炒め、しんなりしたら豆腐を戻し入れ、めんつゆと溶き卵を加えて、さっと炒め合わせる。器に盛り、削りかつおをかける。

アボカド白和え

アボカドの食感とごま風味の和え衣がよく合う1品。

5分 *水きりする時間は除く

難易度

わさびしょうゆをかけてね
SHINO

やさしい味だね
Tatsuya

材料（2人分）

木綿豆腐	1丁（300g）
アボカド（角切り）	1個
白炒りごま	適量
わさびしょうゆ	適量
A	
白すりごま	大さじ1
しょうゆ	小さじ2
みそ	小さじ1
砂糖	小さじ1
塩	少々

作り方

1 豆腐はしっかり水きりする。

2 ボウルに**A**、**1**の豆腐をくずし入れ、なめらかになるまで混ぜ合わせ、和え衣を作る。アボカドを加え、さっくり混ぜ合わせ、器に盛り、ごまをふる。食べる直前に、わさびしょうゆをかける。

豆腐をしっかり水きりする方法

豆腐はペーパータオルで包み、600Wの電子レンジで2分加熱する。ペーパータオルを取り換えて包み、水きりする。

おすすめ!
料理が映える白い和食器

粉引のやわらかな白がシンプルな料理も引き立ててくれる器は、ぐっち夫婦のスタンダード。

お気に入り

別々に行ったイベントで、ともに惹かれた滋賀県・信楽の古谷製陶所が手がける器。おおらかなフォルムと温かみのある風合い、素朴な色味やあしらいすべてが和洋を選ばず、どんな料理にも合う理想形。

PART 4

今度の週末なに作ろう？

夫婦料理対決！

SHINO vs Tatsuya

「今まで対決したことはないですが、どちらかが作ったごはんを、自分なら、こんな感じにするかな……と頭をよぎるときはあります」（SHINO & Tatsuya）

せっかくの機会なので、ふたりが親しみのある料理3種で初対戦。第1回戦は焼きそばで、SHINOさんは野菜と豚肉、鶏がらスープの旨みが渾然一体となったあんかけです。

「罪悪感がないよう、野菜は多め。麺はかたさとやわらかさが両方楽しめる焼き加減に」（SHINO）

普段はチーム「ぐっち夫婦」です！
でも、今日は負けられません。

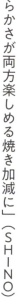

Tatsuyaさんは大好きな中華調味料のオイスターソースを使い、じっくり焼いた麺を牛肉と野菜と炒め合わせた香ばしいソース味で参戦。「麺はほぐしてすぐ他の具材と炒めがちですが、そこをぐっと我慢。パリパリになるまで焼きつけてから、具材と合わせるのがポイントです」（Tatsuya）

2回戦目の鍋は、ともに豚肉ときのこから出るだしを生かしながらも、ガッツリ系対マイルド系に。先攻Tatsuyaさんは、自慢の肉みそを投入した担々鍋。アクセントに入れたザーサイは、肉みそのそぼろ感と合う大きさにみじん切り。最後はご飯にかけて、鍋底にたまった肉みそもしっかりと味わいます。

対するSHINOさんは、ふわふわのとろろと好相

ガチンコ勝負です！

性の白だし仕立て。〆は卵黄と粉チーズを加えたカルボナーラ風うどんで、趣向を変えるワザを披露。

そして、迎えた最終決戦はオムライスで勝負。

「オムライスといえば、私は卵で包むタイプ。ガーリックライスには和風だしを、クリームソースには明太子を入れた和洋混合にしました」（ＳＨＩＮＯ）

「僕はトマトソースをかけたくて、ご飯はチキンライスだと重いからバターで風味づけ。ご飯が白いと、卵とトマトの鮮やかさも引き立つので」（Ｔａｔｓｕｙａ）

王道をもとに、グレードが上がるツボを押さえたＴａｔｓｕｙａさん。やさしい味わいの中に、食感やテイストミックスで緩急をつけたＳＨＩＮＯさん。試食タイムは「おいしい！」の応酬で、甲乙つけがたく引き分けに。真偽のほどは、ご家庭でお確かめください。

お互い手の内は
よく知っている
だけに手強い。。。

SHINO VS Tatsuya

SHINOが作るたっぷり野菜のあんかけ焼きそば

野菜多めでヘルシーに。麺はほぐしながら焼きつけて、カリカリしたところと、しっとりしたところの両方が口に入るように工夫しています。

焼きそば対決！

Tatsuyaが作る 牛肉オイスターソース焼きそば

本気の焼きそばは、どまんなかでしょ！ 麺をこれでもかっていうくらい、しっかり焼くところがポイント。紅しょうが、青のり、削りかつおで決まり。

START

たっぷり野菜のあんかけ焼きそば

20分

難易度

材料（２人分）

- 中華麺……２玉
- 豚バラ薄切り肉…200g
- 小松菜……１わ
- にんじん……⅓本
- しいたけ……２個
- しょうが……ひとかけ
- にんにく……１片
- 酒……大さじ１
- 塩・こしょう…各少々
- ごま油……大さじ２
- 花椒粉（あれば）……適量
- 水溶き片栗粉……片栗粉小さじ１＋水大さじ１
- 和からし・酢（好みで）……各適量

A

- 鶏がらスープの素……大さじ1
- 水……200mℓ
- しょうゆ・オイスターソース・紹興酒（または酒）……各大さじ1

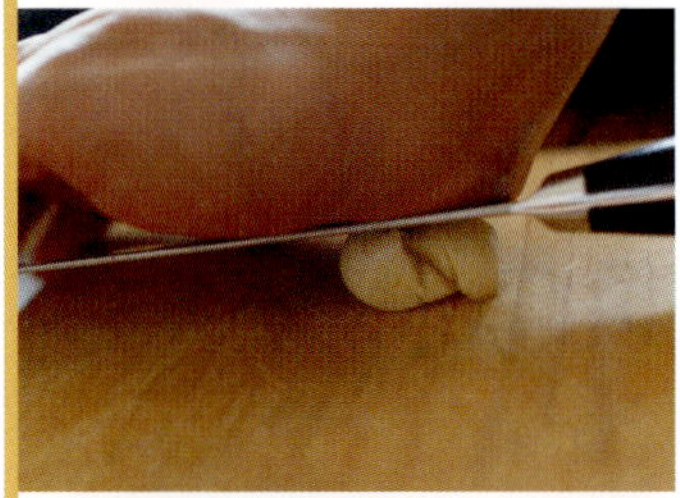

麺に花椒粉で隠し味

作り方

1 豚肉は酒、塩・こしょうで下味をつける。小松菜は3～4cm長さのざく切りに、にんじんは短冊切りに、しいたけは薄切りにする。しょうがはせん切りに、にんにくはつぶす。中華麺は袋に穴を開け、600Wの電子レンジで1～2分加熱する。

2 フライパンにごま油大さじ1を熱し、麺をほぐし入れる。じっくりと火を通し、途中ほぐしながら麺をよく焼きつけ、あれば花椒粉をふり、皿に盛る。

3 **2**のフライパンをさっとふき、ごま油大さじ1、しょうが、にんにくを入れ、香りが立ったら豚肉を炒める。豚肉の色が変わったら、小松菜の葉以外の野菜を入れて炒め、最後に小松菜の葉をさっと炒め合わせる。

4 Aを加えてひと煮立ちさせ、水溶き片栗粉を混ぜながら加えて、とろみをつける。**2**の麺の上に具を盛り、あんをかける。好みでからしと酢を添える。

野菜たっぷり!

FINISH!

START

牛肉オイスターソース焼きそば

15分

難易度

材料(2人分)

中華麺……2玉
牛こま切れ肉……150g
玉ねぎ……½個
キャベツ……¼個
もやし……½袋
長ねぎ……⅛本
しょうが……ひとかけ
塩・こしょう……各少々
ごま油……大さじ1
削りかつお・青のり・紅しょうが…各適量

A
酒……大さじ2
しょうゆ・ウスターソース・
オイスターソース……各大さじ1

作り方

1 牛肉は塩・こしょうで下味をつける。Aは合わせておく。玉ねぎは薄切りに、キャベツはざく切りに、長ねぎは斜め薄切りに、しょうがはせん切りにする。

2 フライパンにごま油を熱し、しょうがを炒めて香りを出し、牛肉、玉ねぎ、キャベツ、もやし、長ねぎの順に炒め合わせ、一度取り出す。

3 中華麺は袋に穴を開け、600Wの電子レンジで1～2分加熱する。フライパンに麺を入れてほぐし、じっくり炒めて焼き色をつける。

4 2を戻し入れ、Aを加え、ざっと炒め合わせ、塩・こしょうで味をととのえる。器に盛り、削りかつお、青のりをかけ、紅しょうがを添える。

FINISH!

味見はイタリア風で（笑）

鍋対決！

Tatsuyaが作る
豚バラ肉みそ担々鍋

豚バラと自慢の肉みそ（P124参照）、Wの肉づかいでボリューム満点の中華鍋。刻んだザーサイがよいアクセントに。〆のクッパも、たまらなくウマイ！

SHINOが作る きのこと白だしのとろろ鍋

白だしベースに、きのこの香りと豚肉の旨みをプラス。ふわふわのとろろをかけて仕上げる和風鍋。〆はカルボうどんで。

READY

豚バラ肉みそ担々鍋

20分

難易度

材料（作りやすい分量・2~3人分）

肉みそ作り置き（P124参照）……200g
豚バラ薄切り肉……200g
ほうれん草……1袋
白菜……$\frac{1}{8}$個
もやし……1袋
エリンギ……3本
えのきだけ……1袋
しいたけ……3個
にんにく……1片
ザーサイ……100g
水……800mℓ
ごま油……適量
ラー油……適量

A
めんつゆ（2倍濃縮）……大さじ3
白すりごま……大さじ3
みそ……大さじ2
中華だし……大さじ1

作り方

1 ほうれん草、白菜は食べやすい大きさに切る。エリンギは縦に裂き、えのきだけは根元を落とし、しいたけは薄切りにする。にんにくとザーサイはみじん切りにする。

2 鍋にごま油を熱し、にんにくを炒め、水、**A**を入れてひと煮立ちさせる。**1**の野菜ともやし、豚肉を入れ、火が通ってきたら、肉みそとザーサイを入れる。好みでラー油を回しかける。

ガッツリうまい！〆のクッパ

ご飯に汁と具をかけて、青ねぎの小口切りをたっぷりのせる。

Tatsuya
おすすめ。
鍋の後の
お楽しみ。

きのこと白だしのとろろ鍋

15分

難易度

材料（作りやすい分量・2〜3人分）

長いも ……………… 15cm（400g）
卵 ……………… 1個
豚しゃぶしゃぶ用肉
……………… 200g〜300g
白菜 ……………… ¼個
水菜 ……………… 2束
長ねぎ ……………… ½本
エリンギ ……………… 2〜3本
しいたけ ……………… 2個
水 ……………… 800mℓ
塩 ……………… 少々
白だし ……………… 100mℓ
ゆずの皮（あれば）……… 適量

作り方

1 白菜はざく切りに、水菜は3〜4cm長さに、長ねぎは斜め薄切りにする。エリンギは縦に裂く。しいたけは薄切りにする。

2 卵は卵白と卵黄に分ける。長いもはすりおろし、塩、卵白と合わせておく。

3 鍋に水、白だしを入れてひと混ぜし、白菜、水菜、きのこ類を入れる。沸騰したら、豚肉、長ねぎを加えて煮る。

4 食べる直前に**2**のとろろを流し入れる。あればゆずの皮を添える。

AFTER NABE

残った卵黄で〆の和風カルボうどん

残った具を取り除き、うどん1玉を入れてほぐし、温める。卵黄1個分、粉チーズ、黒こしょう、オリーブオイル、青ねぎの小口切りを入れる。

SHINO
これが食べたくて作るのかも。

SHINOが作る ふんわり卵の 明太クリーム オムライス

明太クリームソースに、ふんわり卵が絶妙な組み合わせ。和風だしを加えたガーリックライスで、和洋混合の味わい深い仕立てに。

オムライス対決！

Tatsuyaが作る 鶏肉ととろとろ卵の具だくさんオムライス

鶏肉がごろんと入った、具だくさんのトマトソースは食べごたえ◎。とろとろに仕上げた卵が、おいしさのポイントに。

ふんわり卵の明太クリームオムライス

20分

難易度

材料(２人分)

和風ガーリックライス

温かいご飯……茶碗２杯分
玉ねぎ……¼個
にんにく……１片
ベーコン……１枚
和風だし……小さじ１
バター……５g
塩・こしょう……各少々

明太クリームソース

辛子明太子……１個
牛乳……200㎖
バター……10g
小麦粉……大さじ２
めんつゆ(2倍濃縮)……大さじ１

ふんわり卵

卵……４個
牛乳……大さじ２
サラダ油……適量
青ねぎ(小口切り)・刻みのり……各適量

START

作り方

和風ガーリックライスを作る

1 玉ねぎとにんにくはみじん切りに、ベーコンは1㎝幅に切る。

2 フライパンにバターを溶かし、玉ねぎとにんにくを炒め、玉ねぎがしんなりしたらベーコンを炒める。

3 温かいご飯を加えて炒め合わせ、和風だし、塩・こしょうで調味し、取り出す。

明太クリームソースを作る

1 フライパンをさっとふき、バターを溶かし、小麦粉を入れてよく炒める。

2 牛乳を少しずつ加えながら、そのつどよくのばし、とろみをつける。とろみがついたら、ほぐした明太子(飾り用に少し残す)、めんつゆを加え、よく混ぜる。

ふんわり卵でライスを包み、オムライスを作る

1 ボウルに卵を割り入れ、牛乳と合わせ、溶きほぐす。

2 フライパンにサラダ油を熱し、卵液を半量入れて、菜箸で大きくかき混ぜ、全体が細かく均一に半熟になるよう火を入れる。

3 中央に和風ガーリックライスをのせ、片方の卵をライスに折り返し、フライパンを傾けながら、器にかぶせるようにしてひっくり返す。これを2人分作る。

仕上げる

オムライスの中央に、明太クリームソースをかける。青ねぎ、明太子、刻みのりをのせる。

↑へっぷり腰（笑）

CONTINUE

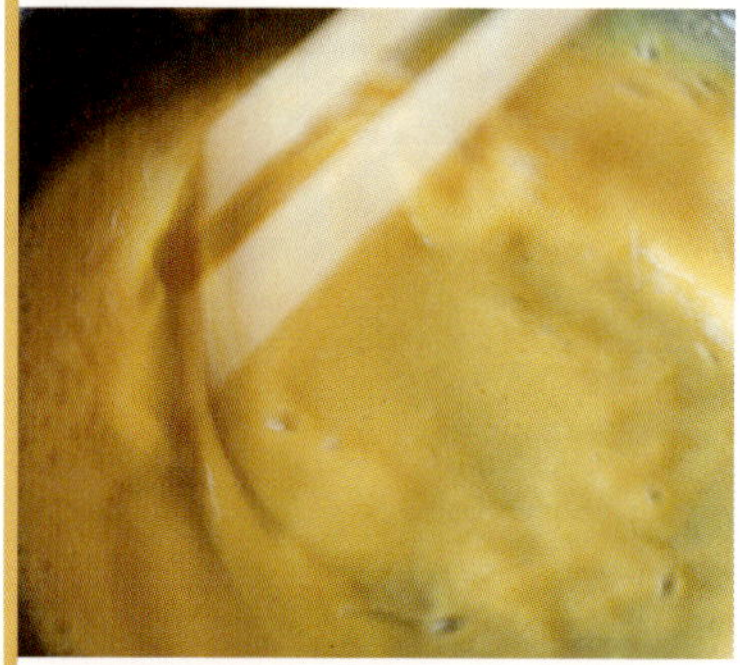

うん、おいしい！

緊張する〜!

きれいに包めた!

FINISH!

START

鶏肉ととろとろ卵の具だくさんオムライス

20分

難易度

材料（２人分）

鶏肉の具だくさんトマトソース

- 鶏もも肉……200g
- 玉ねぎ……½個
- しめじ……¼パック
- ミニトマト……４個
- サラダほうれん草……２束
- トマト缶（ホール）……１缶
- ケチャップ……大さじ１
- 固形スープの素……１個
- オリーブオイル…大さじ１
- 塩・こしょう……各適量
- パセリ（みじん切り）……適量

バターライス

- 温かいご飯……茶碗２杯分
- バター……10g
- 塩・こしょう……各少々

とろとろ卵

- 卵……４個
- 牛乳……大さじ２
- バター……20g

作り方

トマトソースを作る

1 鶏肉はひと口大に切り、塩・こしょうで下味をつける。玉ねぎはくし形切りに、しめじはほぐす。ほうれん草は長さを半分に切る。

2 鍋にオリーブオイルを熱し、鶏肉を焼く。両面に焼き色がついたら、玉ねぎ、しめじを加えて、さっと炒め合わせる。トマト缶、ケチャップ、スープの素を加えてふたをし、10分ほど煮る。

3 塩・こしょうで味をととのえて火を止め、ミニトマト、ほうれん草を加え、余熱で火を通す。

バターライスを作る ＊トマトソースを煮込んでいる間に作る。

フライパンにバターを溶かし、ご飯を入れて炒め、塩・こしょうで調味する。器の片側に盛る。

とろとろ卵を作る ＊バターライスの次に作る。

ボウルに卵を割り入れ、牛乳、バター10gと合わせ、溶きほぐす。フライパンに残りのバターを溶かし、卵液を入れて、菜箸で全体を大きく混ぜながら半熟に仕上げ、バターライスの上にのせる。

仕上げる

卵の横にトマトソースを盛り、パセリを散らす。

卵がとろとろ！

FINISH!

俺の本気の焼き豚

Tatsuya

自分のリズムで過ごせる週末に、本気モード全開でまとめて作る、男の焼き豚を紹介します。
「まとめて、といっても鍋で一度に煮る量と食べ切ることを考えて、たいていかたまり肉で2個。キャンプに行く予定が迫っていて、肉がお手頃な値段だったら、作ることが多いですね」（Tatsuya）
焼き豚を作り、保存袋に調味液ごと入れてキャンプ場に持って行き、いろいろな料理にアレンジして使う。そんなノウハウは、物心がついた頃から家族で年2～3回は行っていたキャンプで学んだといいます。
「よくやるのは、焼き豚を炭火で焼いて温める食べ方。香ばしさが増すからおすすめで、家でも追い焼

気合い入れて
作ります！

きして少し焦がしたいくらい」（Tatsuya）

「焼き豚は彼とキャンプへ行くようになってから、幅広い使い方を知りました」（SHINO）

好みの厚さに切って、煮詰めた調味液をかけ、煮卵や野菜を添えればおかずに。具材として、スライスをご飯にのせたりバゲットに挟んだり。炒飯や焼きそばに入れても美味。

「帰省や友人の家に行くときに、気取らずはずさずの手土産としても喜ばれます」（SHINO）

「2～3日で食べ切れなくても日持ちするし、調味液と一緒に冷凍もOK。流水解凍してレンジで温めれば、いつでもおいしくいただけます」（Tatsuya）

もちろん、キャンプに行く趣味や予定がなくても、週末に作っておけば、平日に助かること請け合いです。

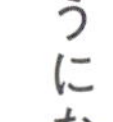

うん、うん。
これ、この切り口！
厚めにね。

まずは、切って
そのまま
食べる

焼き豚

90分 *味をしみ込ませる時間は除く

難易度

ひと晩置く間に半熟ゆで卵を煮汁に一緒に入れておくと煮卵ができ上がる

材料(作りやすい分量)

豚肩ロースかたまり肉	300g
長ねぎ(青い部分)	1本分
しょうが(薄切り)	ひとかけ
塩・こしょう	各少々
サラダ油	適量
A	
みりん	大さじ2
しょうゆ	大さじ2
オイスターソース	大さじ1
砂糖	大さじ1
紹興酒(または酒)	½カップ
水	200mℓ

作り方

1 豚肉は麺棒などでたたいてやわらかくし、塩・こしょうをふって下味をつける。

2 端から丸めて、たこ糸でしばり、15分ほど置いておく。

3 フライパンにサラダ油を熱して豚肉を入れ、全体に焼き目をつける。

4 鍋に**3**の豚肉、**A**、長ねぎとしょうがを入れ、ふたをして弱火でじっくり、1時間ほど煮る。ひと晩置いて味をしみ込ませる。

READY

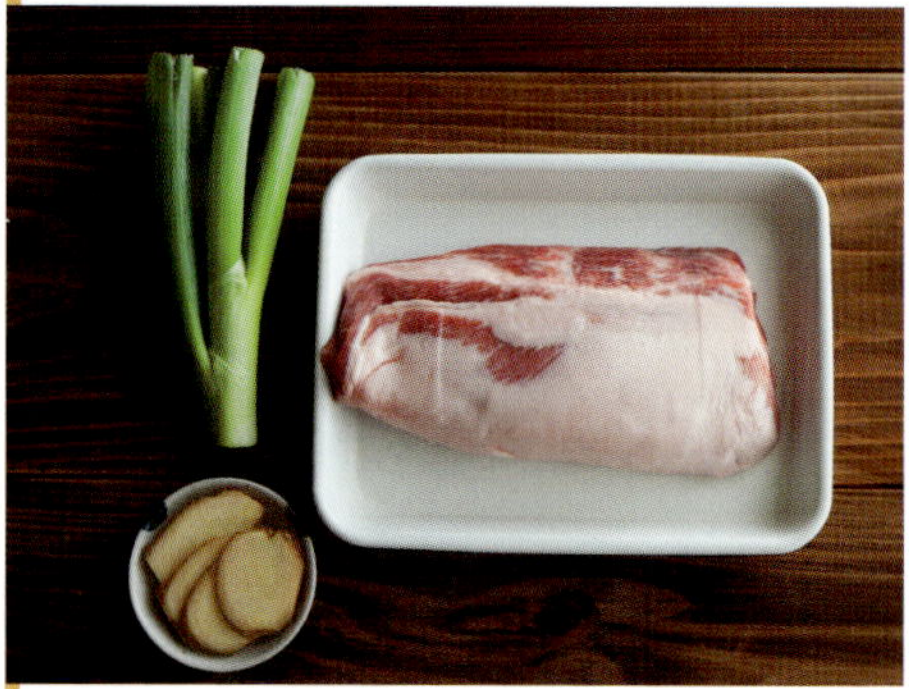

POINT

固まり肉のしばり方

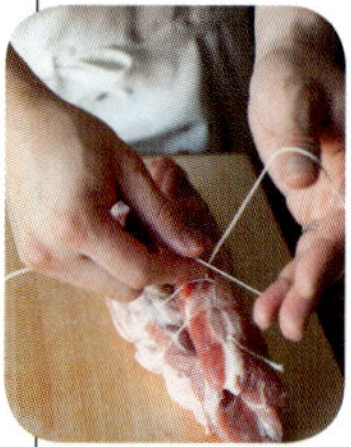

たこ糸を上から2cmほどのところで巻いて片結びし、長い方の糸で輪を作り指にかける。

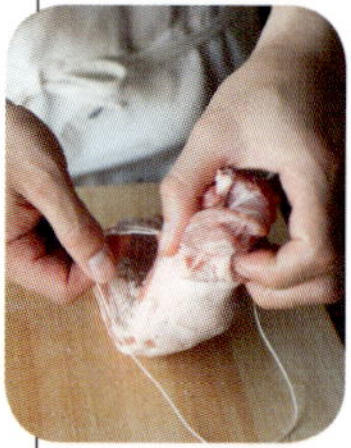

上から肉をつかみ、糸の輪を上からかぶせる。

長い糸を引っ張り、十文字になるようにする。横糸の間隔が2cmになるよう、これをくり返す。

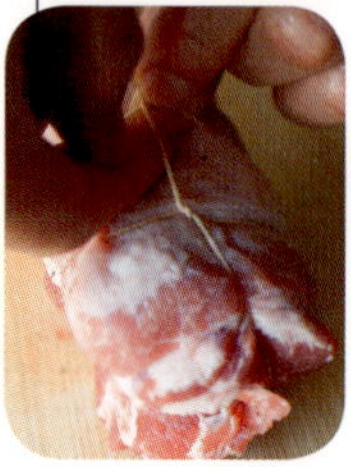

下まで巻いたら、肉の倍の長さで糸を切り、十文字になるよう糸をくぐらせる。上まで持っていき、巻き始めの糸と結ぶ。

※たこ糸でしばるのが面倒なら、焼き豚用にしばって売られているものを買ってきてもOK。

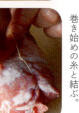

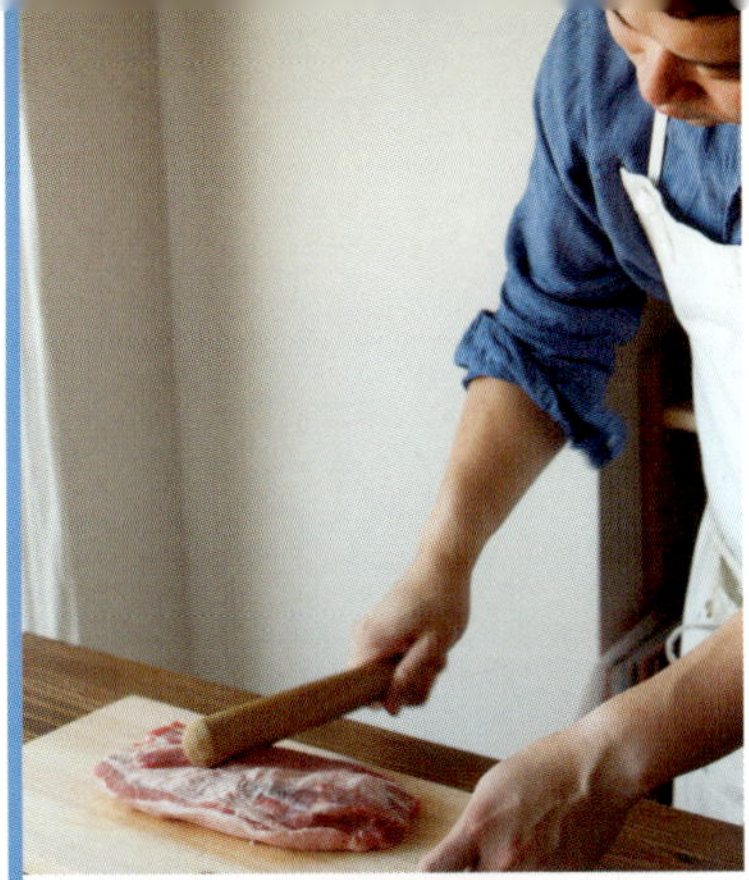

肉をたたく

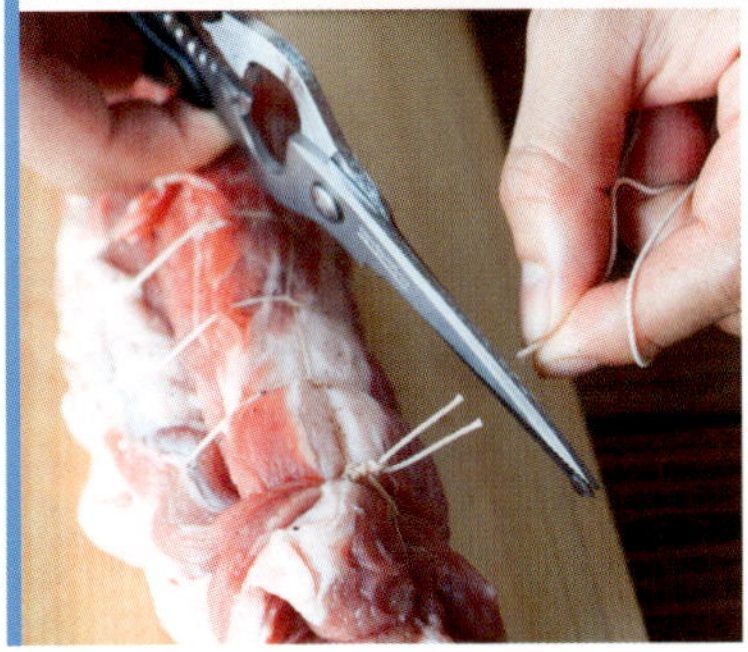

たこ糸でしばる

表面を焼きつける

弱火で煮込む

ひと晩置く

FINISH!

簡単！焼き豚丼

茶碗にご飯を盛り、スライスした焼き豚、煮卵をのせ、煮汁を少し煮詰めてかける。白髪ねぎ（P85参照）、斜めに切った青ねぎ、糸唐辛子をのせ、白炒りごまをふる。

手間と時間はかかるけれど、豚肉の表面を焼きつけて、調味料を入れて煮るだけと、いたって簡単。

ガツンと焼き豚炒飯

10分

難易度

材料（2人分）

温かいご飯	茶碗2杯分
卵	1個
焼き豚（角切り）	150g
長ねぎ（みじん切り）	¼本
しょうが（みじん切り）	ひとかけ
にんにく（みじん切り）	1片
サラダ油	大さじ1
焼き豚のたれ	大さじ2
塩・こしょう	各少々
青ねぎ（小口切り）	適量
紅しょうが	適量

作り方

1 ボウルに卵を溶きほぐし、ご飯を入れ、よく混ぜる。

2 フライパンにサラダ油を弱火で熱し、にんにくを炒め、香りが立ったら、しょうがと長ねぎを加えて炒める。

3 **2**に焼き豚を加えてさっと炒めてから、**1**のご飯を入れ、炒め合わせる。焼き豚のたれを回し入れ、塩・こしょうで味をととのえる。

4 器に盛り、青ねぎと紅しょうがを添える。

大きめに切った焼き豚をたっぷりと。

焼き豚と肉そぼろの汁なし担々麺

10分

難易度

材料（2人分）

- 中華麺 …… 2玉
- 焼き豚（薄切り） …… 100g
- 豚ひき肉 …… 150g
- にんにく（みじん切り） …… 1片
- しょうが（みじん切り） …… ひとかけ
- ごま油 …… 大さじ1
- 豆板醤 …… 小さじ1
- A
  - 鶏がらスープの素 …… 小さじ1
  - 紹興酒 …… 大さじ1
  - 水 …… 50mℓ
- 長ねぎ（みじん切り） …… ¼本
- 花椒粉（好みで） …… 適量

作り方

1. 中華麺は袋の表示どおりにゆで、ざるに上げて、湯をきる。
2. フライパンにごま油を熱し、豆板醤を炒めて香りを立ててから、Aを加えて煮立てる。
3. 別のフライパンにごま油を熱し、にんにくとしょうがを炒める。香りが立ったら、ひき肉を炒め、2のフライパンに加え、1の中華麺も合わせ、よく混ぜる。
4. 器に盛り、長ねぎ、焼き豚を添える。好みで花椒粉をふる。

焼き豚と肉そぼろのダブル使いでガッツリうまい！

FRIDAY NIGHT ! OTSUMAMI

金曜日の呑み飯

ハードな平日を無事に乗り切ってたどり着いた金曜の夜は、「お互い、1週間頑張ったね。お疲れさま！」の気持ちを込めた、呑み飯で締めくくります。

「お酒が好きで、ふだんもお酒のアテのような副菜は作るんですが、家呑みするのは金曜と土曜の夜。土曜に友達を呼ぶこともあるので、金曜はふたりでお酒と肴を、とことん楽しみます」（Tatsuya）

ただ、そんな日も仕事終わりだから、食事のスタート時間は遅め。〝手軽に作っておいしく〟のモットーは変わらないから、炒め置きや缶詰などのお助け材料のストックを使って、ちゃちゃっと数品作ります。

また、ミニピザやスティック野菜、トルティーヤ

今週も１週間
お疲れ〜〜！

ON » OFF

ON » OFF

チップスといったフィンガーフードも足して、ディップを2～3種類作り、月曜から木曜の平日よりは、ちょっとだけ食卓をにぎやかにするのが恒例です。

「日頃から、ごはんを食べるときは糖質オフを心がけているから、お米や麺類は少なめで野菜が中心。ガッツリおかずを作らない日もあって、その辺は金曜も変わりません。でも、翌朝に用事がない限りは時間にも心にもゆとりができるので、忙しいとあまり目が向かない手羽先やいかを使ったり、買った煮卵でなくだし巻き卵を焼いたり。具材に幅を持たせて料理するという作業をもっと楽しみ、もっと気楽につまむ感じです」（SHINO）

そんなごはんのおともにするお酒はTatsuyaさんが焼酎や焼酎ベースのサワー、ハイボールにビール。SHINOさんはハイボールと梅酒、ビールがお好み。最近は体調を考え、炭酸水メーカーがキッチンに仲間入りしたことも手伝って、とりあえず缶ビールを分けて呑んだあとは、ハイボールコースがお決まりになっています。

「呑みたいお酒があれば、それに合いそうなメニュー、ワインだったらチーズと生ハムは入れたいなとか考えますが、ほぼ料理に合わせてお酒を選びます。その点ハイボールはどんな料理にも合うから、定番になりつつあるんだと思います」（SHINO）

料理があってこそのお酒。ひと息つける夜は、ごはんとおつまみ、主菜と副菜の境目がない料理を、

しみじみ
うまいなぁ…

SHINOさん
たまには、
とりま〜す！

ちょこちょこつまんでお酒を呑みながら、ひたすらとりとめのない話をしています。

「そして食事もお酒もすすむとTatsuyaさんは饒舌になり、マイペースぶりも加速して、気の向くままにキッチンに行っては、おつまみやみそ汁を作っているんですよ（笑）」（SHINO）

「ふだんでも、仕事に煮詰まったら料理をして、ひと口ふた口つまんでリフレッシュ。そこに、お酒とおしゃべりが加わる。ストレス解消できるあれこれがそろったら、気も緩みます」（Tatsuya）

簡単でおいしい料理と好きなお酒を満喫しながら、時間を気にせず話をして、気が向いたらキッチンに立つ。そんなひとときが、ぐっち夫婦にとってこの上ない至福の時間です。

あっち、ち。

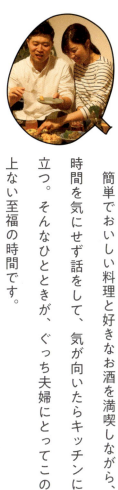

餃子の皮でしらすピザ

10分

材料(作りやすい分量)

餃子の皮	10枚
しらす	20g
ピザ用チーズ	50g
青ねぎ（斜め切り）	適量
ごま油	適量

作り方

餃子の皮にしらす、チーズを適量ずつのせて、オーブントースターで2〜3分、チーズが溶け、皮に焼き色がつくまで焼く。ごま油をかけ、青ねぎを散らす。

ミニトマトとアボカドのわさびのり

5分

材料（作りやすい分量）

- ミニトマト……5〜6個
- アボカド……½個
- 刻みのり……適量
- A
  - ぽん酢……大さじ1
  - わさび……少量
  - ごま油……小さじ1

作り方

ミニトマトは横半分に切り、アボカドは皮をむいて、さいの目に切る。ボウルにAを合わせ、ミニトマトとアボカドを和える。器に盛って、のりをのせる。

かくし味のわさびが
ピリッとアクセントに。

いかとブロッコリーの薬味だれ

10分

材料（2人分）

いか……1杯
ブロッコリー……½個
ごま油……適量
白炒りごま……小さじ1
A
しょうが（みじん切り）……大さじ1
長ねぎ（みじん切り）……大さじ1
青ねぎ（小口切り）……大さじ1
ぽん酢……大さじ2
砂糖……小さじ1

作り方

1. ブロッコリーは小房に分け、沸騰した湯に塩少々（分量外）を入れ、かためにゆでる。いかはわたを除き、1㎝幅の輪切りにする。**A**は合わせておく。
2. フライパンにごま油を熱し、いかを炒める。火が入ってきたらブロッコリーを加え、**A**を加えてさっと炒め合わせる。
3. 器に盛り、ごまをふる。

手羽先の黒こしょう焼き

「ブロッコリーをレンチンする場合は、水にくぐらせてから、耐熱容器に入れてふんわりとラップをかけ、600Wの電子レンジで1～2分加熱します。」

材料（2人分）

手羽先	6～8本
粗びき黒こしょう	適量
レモン	適量
A	
酒	大さじ½
しょうゆ	小さじ2
塩	小さじ½
ごま油	大さじ1

作り方

1 手羽先は骨に沿って1本、切り込みを入れる。ポリ袋に**A**とともに入れて、よくもみ込み、5分ほど漬け込む。

2 オーブントースターか魚焼きグリルに並べ、黒こしょうをふり、両面にこんがりと焼き色がつくまで焼く。器に盛り、レモンを添える。

10分

3種のディップを添えた

おつまみトルティーヤチップスと彩り野菜スティック

レンジでバーニャカウダディップ

10分

材料（作りやすい分量）

にんにく……3片
アンチョビ（みじん切り）……3枚分
牛乳……適量
オリーブオイル……大さじ3
塩・こしょう……各少々

作り方

1 にんにくはつぶして耐熱容器に入れ、かぶるくらいまで牛乳を注ぐ。ふんわりとラップをかけ、600Wの電子レンジで20秒加熱する。牛乳がふきこぼれないよう様子を見ながら、にんにくがやわらかくなるまで10秒ずつ加熱する。

2 牛乳を捨て、にんにくをフォークなどでつぶしてペースト状にする。

3 2にアンチョビ、オリーブオイルを加え、ふんわりとラップをかけて600Wの電子レンジで1分、加熱する。塩・こしょうで味をととのえる。

ピリ辛みそマヨディップ

1分

材料（作りやすい分量）

みそ……大さじ1
マヨネーズ……大さじ2
一味唐辛子……少々

作り方

器にみそ、マヨネーズ、一味を混ぜ合わせる。一味の量はお好みで。

ワカモレディップ

7分

材料（作りやすい分量）

アボカド……1個
紫玉ねぎ……¼個
おろしにんにく……少量
レモン汁……適量
塩・こしょう……各少々

作り方

1 紫玉ねぎはみじんぎりにし、水にさらす。アボカドは縦半分に切って種をとり、皮をむく。

2 ボウルにアボカドを入れてスプーンなどでつぶす。にんにく、レモン汁、1の玉ねぎをペーパータオルで水けを取って加え、よく混ぜ、塩・こしょうで調味する。

長いもとオクラのオイスターソース炒め

10分

「さっと炒めるだけでできるスピードおつまみ。長いもの食感がアクセントに。」

材料(2人分)

長いも……200g
オクラ……5本
サラダ油……適量
A
オイスターソース……大さじ½
酒……小さじ1
しょうゆ……少々

作り方

1 長いもは乱切りに、オクラは斜め切りにする。

2 フライパンにサラダ油を熱し、長いもをこんがりと焼き色がつくまで焼き、オクラを加えて炒め合わせる。オクラがしんなりしてきたら**A**を加え、さっと炒める。

マッシュルームの生ハム入りアヒージョ

10分

材料（作りやすい分量）

マッシュルーム	1パック
生ハム	2枚
にんにく	1片
パセリ	少々
長ねぎ	⅓本
ミニトマト	5個
オリーブオイル	適量
パン粉	適量
粉チーズ	適量

作り方

1 マッシュルームは石づきを除く。長ねぎは3㎝長さに切る。

2 生ハム、にんにく、パセリはみじん切りにしてよく混ぜ合わせ、マッシュルームのかさの裏の部分に詰める。

3 スキレットなどの小さめの鍋に2をかさを下にして並べ、長ねぎとミニトマトを間に敷き詰める。オリーブオイルを鍋の半分の高さまで注ぎ、弱火でじっくり加熱する。ふつふつしてきたら、でき上がり。好みでパン粉、粉チーズをかける。

ら、奥から手前に巻き、奥に寄せて油を少量入れ、残りの卵液の半量を流す。もう一度繰り返す。

3 切り分けて、皿に盛る。

まぐろなめろう

5分

材料（作りやすい分量）

まぐろ（刺し身）……150g
大葉（飾り用）……1枚

薬味

大葉（せん切り）……3枚
みょうが（みじん切り）……1個
青ねぎ（小口切り）……1本
おろししょうが……ひとかけ

A

みそ……大さじ1
しょうゆ……小さじ½

作り方

まぐろは包丁でたたくようにして刻む。ボウルにまぐろ、薬味、**A**を入れ、よく和える。器に大葉を敷き、盛る。

クリームチーズのおかかナッツ和え

「卵液に青ねぎの小口切りを入れたり、食べるときに大根おろしを添えても。」

白だしで作るだし巻き卵

材料(作りやすい分量)　5分

クリームチーズ	適量
削りかつお	適量
スライスアーモンド	適量
しょうゆ	少々

作り方

クリームチーズはさいの目切りにする。アーモンドはポリ袋に入れ、麺棒などでたたいて砕く。ボウルにチーズ、アーモンド、削りかつお、しょうゆを入れて和え、器に盛る。

材料(作りやすい分量)　10分

卵	3個
白だし	小さじ2
砂糖	ふたつまみ
水	大さじ3
サラダ油	適量

作り方

1 ボウルに卵を割り入れ、白だし、砂糖、水を入れて溶きほぐす。

2 卵焼き器にサラダ油を熱し、卵液を⅓量流し入れる。固まってきた

お気に入りの道具

Tatsuya

ストウブの鋳物ホウロウ鍋は、まだ実家にいた10年近く前にオーバルを買って愛用。素材にムラなく熱が回り、油なじみがよく焦げつきやにおい移りしない。保温性に優れ、安定感がある。煮る・炒める・焼く・蒸す・揚げる、が一つで完結してタフなところがお気に入り。Wa-NABEはSHINOさんへプレゼント。焼き豚はココットラウンドで煮ます。

SHINO

前の会社を退職するときに同僚からセットで贈られた、柳宗理デザインシリーズのキッチンツール。ボウルは中身が混ぜやすく、ストレーナーとともに軽くて手にしっくり。穴あきトングは焼きも盛りつけもOKで、レードルは左利きの私と右利きの夫が共用できる形。キズが目立たないつや消しも含め、とにかく使い勝手のいいデザインが好き。

左下から時計回り。
オーバル15㎝、ピコ・ココットラウンド22㎝、
ジャポネスクシリーズ・Wa-NABE（ワナベ）カンパーニュ20㎝・M

インダストリアルデザイナー、柳宗理による道具。
ステンレスボール、パンチングストレーナー、トングと
レードルもステンレス製。

お気に入りの調味料

酢

京都産の米酢は酢の物やドレッシングなどに。右は京酢 加茂千鳥／村山造酢、左は富士酢プレミアム／飯尾醸造

みりん+料理酒

みりんの旨みと酒の風味を併せ持つ発酵調味料。香味増し、照りづけにも◎。味の母／味の一醸造

めんつゆ

めんつゆ、白だしとも薄めず調味料として使用。右は割烹白だし、左はめんつゆ2倍濃縮／ヤマキ

紹興酒

中華料理に加えればたちまち本格的な味に。台湾紹興酒熟成5年／東方新世代横浜中華街

Tatsuya

使い方は違うものの、ごま油と並んで辛み調味料もこよなく愛しています。見つけるとつい手が伸びて集まったコレクションは、この先も増殖予定。中には一味に八味、山椒やわさびブレンド、花椒も。各種を味見した結果、今のイチ押しはゆず七味。焼き鳥やみそ汁、和えものなど、SHINOさんのスキさえあれば、ひとふり。

Tatsuya's SHICHIMI seasoning Bar

俺の七味 Bar

右から。桜えび唐辛子／由比桜えび直売 原藤商店、わさび八味／穂高観光食品、山椒七味／飛騨山椒、朝天 花椒醤／TOMIZ(富澤商店)、ゆず七味、七味炒め油／八幡屋礒五郎、黒七味／祇園 原了郭、七味唐からし、一味唐からし／八幡屋礒五郎

日々の暮らしを楽しく、おいしく

私たちが食べたくて作り、予想以上にうまくできたから、ほかの誰かにも食べてみて欲しいという思いで始めたＳＮＳでの料理投稿。うれしいことに、その日々の料理に「食べたい」「食べさせたい」の声が寄せられ、保存数やコメントも徐々に増えていきました。

本書を出すことになり、平日の帰宅後も休日も、レシピを整理したり考案したり。間をあけず突入した撮影では、毎回20品前後を次々に仕上げるという初作業に、ときおり手間取ってしまうことも。でも、調理をアシストしてくれた友人と制作スタッフの方々のおかげで終始和やかに過ごせ、無事に完走することができました。

そして、いつも以上に余裕がなかったからこそ、料理は暮らしを彩るものだと再確認。毎日お互いの仕事状況を探りながら、「晩ごはん、どこ行こうか？」とはならなくて、どんなに忙しくても、やっぱり「なに、作ろう？」と。1品が5～10分程度でできる超特急おかずもあるので、一緒が無理でも、どちらかが晩ごはんを作り、家で食べていました。

「定番メニューのバリエーションも含めてアイデアを巡らせるのが好きだから、市販の惣菜や缶詰を使った料理もふだんから作っています。冷凍エビピラフを利用して色合いと風味を足してオムライスを作ったり、レンジ加熱した野菜でナムルを作って冷凍焼きおにぎりにのせてビビンバ風にしたり。目の前にある食卓が、ワンアレンジでよりおいしく華やかになれば、ワクワクして自然とポジティブにもなれますからね」（ＳＨＩＮＯ）

「葉野菜をゆでたおひたしには、こだわりの削りかつおをトッピングして特別感を出す。主菜が茶色になりそうだったら彩りのよい野菜を足し、体調や気分に合わせて味と量を加減する。自分たちらしく自由に表現できるのは家ならではですし、ちょっと手をかけて心も体も健康でいられるならいうことナシですよね」（Ｔａｔｓｕｙａ）

私たちは日々、「今日、なに食べよう？」の気持ちに素直に向き合って料理をし、食事を楽しんでいます。目の前の相手が喜び、「ごちそうさま」のひと言が聞けたら、何より幸せなことですね。

今ではブログやＳＮＳを通して多くの方々にレシピをお届けすることができて、料理をすることが、さらに楽しみになりました。なにげない日常、忙しい日々の中にも、誰かと過ごすごはんの時間が、おいしい笑顔であふれていますように。そんな気持ちが、この一冊を通じて伝わっていたらいいな、と思っています。

ぐっち夫婦
「日々の暮らしを楽しくおいしく。ちょっと、おしゃれに」そんなきっかけをお届けできたらと思い、夫婦で料理家をしています。

Tatsuya
ご飯のすすむ料理や一品ものが得意。料理を口に入れた瞬間のおいしさを大切にしている。30カ国以上訪れた経験もいかし、現地の味再現にも日々挑戦。

SHINO
フードコーディネーターで栄養士。野菜が好き。女子栄養大学で栄養学・フードマーケティングを中心に学ぶ。健康的な料理や、家庭的な料理が得意。

Blog　gucci-fuufu.com
Instagram　@gucci_fuufu

夜食以上《やしょくいじょう》、夕食未満《ゆうしょくみまん》。
野菜《やさい》多《おお》めで罪悪感《ざいあくかん》なし
遅《おそ》く帰《かえ》った日《ひ》の晩《ばん》ごはん

2019年11月22日　初版発行

著者／ぐっち夫婦《ふうふ》（Tatsuya & SHINO）

発行者／川金　正法

発行／株式会社KADOKAWA
〒102-8177　東京都千代田区富士見2-13-3
電話　0570-002-301(ナビダイヤル)

印刷所／凸版印刷株式会社

●お問い合わせ
https://www.kadokawa.co.jp/（「お問い合わせ」へお進みください）
※内容によっては、お答えできない場合があります。
※サポートは日本国内のみとさせていただきます。
※Japanese text only

定価はカバーに表示してあります。

ISBN 978-4-04-604516-4　C0077